인생은
스토리있는,
한권의
책이다.

인생은 스토리 있는 한 권의 책이다

초판 1쇄 발행 | 2017년 11월 15일

지은이 | 서정현
펴낸곳 | 함께북스
펴낸이 | 조완욱

등록번호 | 제1-1115호
주소 | 412-230 경기도 고양시 덕양구 행주내동 735-9
전화 | 031-979-6566~7
팩스 | 031-979-6568
이메일 | harmkke@hanmail.net

ISBN 978-89-7504-679-7 03320

이 도서의 국립중앙도서관 출판예정도서목록(CIP)은 서지정보유통지원시스템 홈페이지(http://seoji.nl.go.kr)와 국가자료공동목록시스템(http://www.nl.go.kr/kolisnet)에서 이용하실 수 있습니다. (CIP제어번호 : CIP2017023516)

• 이 책은 한국출판문화산업진흥원의 2017년 '우수출판콘텐츠 제작 지원 사업' 당선작입니다.

인생은 스토리 있는, 한 권의 책이다.

서정현 지음

하께
BOOKS

인간은 불완전한 존재로 모든 것을 다 잘할 수는 없다. 때문에 역량의
범주를 알고 콘셉트를 정할 필요성이 있다. 그런 이유로 삶에서 목차가
차지하는 비중은 절대적이다. 어떤 콘셉트로 살겠다는 기획력이 없다면
목차는 생성되지 않는다. 목차는 스토리의 거의 전부라고 할 수 있다. 이
러한 뼈대를 만드는 과정은 인생 전체의 기획과 연동된다.

책에서 목차를 보고 전체 글을 파악하듯 인생에서도 목차를 보면 전체 인생을 파악할 수 있다. 이러한 목차는 방향성을 가진 달란트의 진화로 이루어진다. 콘셉트에 따른 추가나 삭제는 남들과 같은 시간을 투자하고도 걸어볼 만한 것이다. 세상이 불공평할수록 우리는 좀더 자신에게 초점을 맞춰 나만의 스토리를 써나가야 하는 것이다.

청춘은 서론에 해당되고 본론은 콘셉트의 근거를 채우는 중년이고, 결론은 열매를 거두는 노후이다. 하지만 20대는 나비가 되어 오르려 하지 않고 무작정 같은 방법으로 기둥에만 오르려고 한다. 30대라고 더 나은가. 이상과 현실의 갈등을 봉합하기엔 여전히 길에 대한 확신이 없다. 40대라고 안정된 삶을 살까. 노후가 길어졌지만 연습도 없고 감도 없다. 50대는 소명을 발견한 사람과 그렇지 않은 사람으로 구분된다. 자신만 잘 사는 삶이거나 이타적인 삶 두 종류로 나뉜다.

이것이 우리가 살고 있는 불안한 생애주기이다. 개인차는 있지만 우리는 이러한 과정을 '한바탕 꿈'이라고 부른다. 이 짧은 꿈에는 유효기간마저 있다. 세상은 원래 불공평한 게임인데 이 유효기간에 대한 개념마저 없다면 더 불공평한 게임이 되고 만다. 시간이 무한정 남아있을 것이라고 생각한다면 커다란 오산이다.

인생 자체가 스토리 있는 한 권의 책이다. 책과 인생은 비슷한 맥락이다. 자서전을 쓴다고 할 경우 맨 첫 장에 어떻게 인생을 살겠다는 서문을 쓰게 된다. 그리고 각 장을 만든다. 이에 1장을 읽으면 2장을 짐작할 수 있고 3장을 읽으면 4장을 추론할 수 있다. 1장 다음에는 자연스럽게 2장이 연결된다. 2장에서의 결실은 1장에 없던 근거가 아니다. 그렇게 장과 장은 유기적으로 연결된다.

이러한 편집력은 자기혁명이 일어나는 시점부터 발휘된다. 책에서처럼 기획력, 콘셉트, 목차, 각 꼭지들이 자연스럽게 구성되는 것은 자기혁명 이후부터다. 잠재의식까지 편집력이 발휘되는 것이다.

"당신의 이야기는 아직 끝나지 않았다. 넘길 책장이 제법 남아있다."

contents

제1장 편집력이 없으면 잡동사니 인생이 된다

제4장 인생에 적용할 수 있는 열 가지 편집력

제5장 인생은 스토리 있는 한 권의 책이다(결론)

제1장

편집력이
없으면
잡동사니
인생이 된다

편집력이
없으면
잡동사니
인생이 된다

전문점과 잡화점의 차이는 무엇일까. 잡화점은 깊이 있는 전문성을 지니지 못한다. 다양한 종류가 펼쳐진 잡화점에는 이것저것 눈요깃거리는 많지만 정작 쓰임새에 있어 무용지물일 확률도 높다. 마니아라면 아마도 전문점을 찾을 것이다. 즉 잡화점은 초보 취미를 가진 사람들 수준이라면 전문점은 문제해결력을 포함한 수준이다.

음식점도 이것저것 파는 곳이라면 미식가는 금세 알아차릴 만큼 맛이 얕다. 따라서 미식가라면 당연히 전문점을 찾을 것이다. 노하우 담긴 맛이든 깊은 맛이든 훌륭한 맛은 누구든 공감한다. 타인이 쉽게 흉내 낼 수 없는 맛이기 때문이다. 고객은 그것에 대해 아낌없이 대가를 지불한다. 그러한 참맛을 느끼기 위해 먼 길 마다하지 않는 것이다.

잡동사니는 젊은 날에 어울리는 단어다. 이십 대는 다양한 경험을 할 만큼 이것저것 눈길 가는 것들이 많다. 처음부터 한 가지만을 고집하지 않는다. 다양함 속에서, 수없이 많은 길 중에서 진짜 내 길을 발견하는 탐색의 시기다. 하지만 나이 들어서도 전문성 없이 잡동사니로 흐른다면 인생에서 결실을 보지 못할 것이다.

나에게 솔직해져 보십시오.
도대체 무엇이 나를 행복하게 하는지
세상이 일방적으로 정해놓은 성공의 기준이 아닌
내 안에서 무엇을 원하는지,

남들에게 행복하게 보이는 것이 중요한 것이 아니고
나 자신이 정말로 행복한 것이 중요합니다.

혜민 스님은 삶의 목표를 성공이 아닌 '행복'으로 조언한다. 자신의 일에 재미와 열정이 붙어야 한다는 것이다. 이처럼 우리는 인생 목적지를 항해할 때 가치에 따라 편집된 정보가 달라진다. 그래서 편집 이전에 정보들이 고르게 주어져야 하는 것이 중요하다. 정보가 편집의 바탕그림이 되기 때문이다. 편협적인 정보들이 주어지면 그 안에서만 결정을 내리게 되어 몹시 위험하다.

우리는 이렇게 매일 정보를 바탕으로 하여 일상을 편집하며 살아간다. 관점에 따라 정보를 추가하거나 삭제한다. 일단 객관적인 정보가 배경지식이 된다. 삶의 가치를 '성공'으로 두었을 때 주어지는 정보들과 삶의 가치를 '행복'으로 정했을 때 주어지는 정보는 다르다. 물론 삶의 가치를 '명예'로 두었을 때도 다르다.

그것은 세상이 일방적으로 정해놓은 기준이 아니어야 한다. 오히려 기존 정보를 여과 없이 받아들이면 우왕좌왕한 인생이 되고 만다. 자기 철학이나 중심이 없다면 결국 자기 기준을 놓치게 된다. 내가 말하는 편집력이란 인생의 이러한 고정관념으로부터 보다 온전하게 세상을 통과하기 위함이다.

주체가 어떻게 편집하느냐에 따라 수집된 정보들은 다르다. '자연친화적' 삶을 살고 싶은 이들이라면 그러한 자료가 눈에 띌 것이며, '현역'으로 오래가고 싶은 사람이라면 자기계발에 관한 자료가 눈에 띌 것이다. 일의 형태나 대인관계 역시 편집된 정보에 따라 조금씩 달라진다. 예를 들면 어떤 말도 자신이 원하지 않을 때 들으면 스쳐간다. 하지만 듣고 자 하는 시기에 들으면 귀에 쏙 들어온다.

인생 2막의 패러다임은 1막과는 다르다. 3막 역시 2막과는 다를 것이 다. 2막에는 1인 기업가에 대한 관심이 많아진다. 그래서 대다수는 부지 런히 관련 책자나 기사를 통해 성공 사례를 모은다. 이는 나이에 맞는 자 연스런 현상이다. 주변으로부터 이러한 방향의 기사에 눈길이 갈 것이 다. 연금은 무엇으로 들지, 보험은 어떤 것으로 바꿀지, 재테크와 시테크 는 어떻게 전개할지 방향을 잡는다.

그런데 만약 편집력이 없다면 어떻게 될까. 그러한 정보에 대해 무방 비 상태가 된다. 흘려듣거나 아무리 좋은 자료라고 해도 나와 상관이 없 다고 무심코 지나칠 것이다. 그렇다면 지금까지 살아왔던 것 이상의 결 실을 거두기 어렵다. 우리의 인생은 초점 맞추어 어느 것에 몰입할 때 결 실을 볼 수 있기 때문이다. 그래서 인생 2막에서는 편집력을 발휘할 때라 고 말하고 싶다. 이것은 원하는 인생을 살기 위해서 꼭 필요한 일이다.

누구나 자신의 인생에서 '행운'을 원한다. 화룡점정(畵龍點睛)이라고 할 까. 간절하게 신의 손길을 원한다. 특히 열심히 산 사람일수록 거기에 합 당한 행운을 기다린다. '열매 위에 이틀만 더 남국의 햇빛을 비춰준다면 마지막 단맛이 완성'되는 것 같은 위대한 신의 손길 말이다. 신이 이 땅에 당신을 보냈다면 뭔가 메시지가 있는 것이다.

먼저 강점에 대한 편집력이 중요하다. 강점을 알고 그것을 더 강화하 는 방향으로 나아간다. 중요한 것은 강점을 찾는 것에서 나아가 계발하는 쪽으로 강화하는 일이다. 하나의 길에서 결실을 보려면 물리적으로 절대적인 시간이 필요하다. 처음에는 무조건 양이다. 처음부터 질을 논할 수 없다. 물리적인 양이 쌓이다 보면 어느 한순간 임계점을 만나고 질적인 변화가 일어난다.

일찍 강점을 계발한 사람들은 10년이나 15년 후에 결실을 볼 수 있다. 강점을 찾는 것에서 나아가 적극적으로 강화하는 방향이어야 한다. 박지성은 초등학교 5학년 때부터 축구를 했다. 사실 김연아가 점프를 쉽게 하는 것 같아도 그만큼 내공이 갖추어졌기 때문이다. 김연아는 7살 때부터 아이스 링크에서 스케이팅을 했다. 수도 없이 엉덩방아 찧으며 혼자만의 외로운 시간을 보냈다. 자신을 혹독하게 몰아붙이면서 연습하고 또 연습했다. 일찍부터 시작한 강점에 대한 편집력이다. 강점을 알고 그 길에서 많은 시간을 보낸 것이다.

우리는 어떤 일을 쉽게 하면 쉬운 일이라고 착각한다. 하지만 그만큼 들인 시간이 있기 때문이다. 시간이라는 물리적인 조공을 받쳤기 때문에 쉬운 경지까지 도달하는 것이다. 다만 타인은 그것을 간과하고 있을 뿐이다. 재능 있는 사람이 편집력이라는 조공까지 바친다면 인생은 어떻게 될까.

일본에서는 장인정신으로 2대, 3대 가업을 잇는다. 어린 시절부터 노하우를 듣고, 보고, 일을 거들며 자란다. 이렇게 만들어진 장인정신은 한 곳을 묵묵하게, 한 길을 진정성 있게 가게 만든다. 이 길, 저 길로 흐르지 않고 오직 한 길에 몰두하게 만든다. 그리하여 한 길에서 완성도를 높인다.

필자가 이 책에서 말하고자 하는 것도 장인정신이다. 편집력으로 만들어진 장인정신이다. 인생 자체를 명품으로 만들고 싶거든 오롯하게 세월을 바쳐야 한다. 우리는 그동안 졸속에 익숙해져 있다. 빠른 것이 좋은 것이며 금방 결과를 보지 않고는 못 배긴다. 장인의 한 땀, 한 땀 정성이 필요하다. 인생을 명품으로 만들려면 어느 하나의 것을 최고로 해내야 한다.

그 하나의 것은 10년, 20년, 30년 이상을 지향한다. 일가를 이루는 일은 어느 한 분야에서 편집력을 통한 세월이라는 조공을 바쳤기 때문이다. 나는 자신의 인생에 그러한 장인정신을 바치기 원한다. 왜 명품은 좋아하면서 정작 자신의 인생을 명품으로 만들려고 하지 않는가.

짐이
무거우면
멀리
갈 수 없다

'버리기'에 대한 책자가 한때 많이 나왔다. 정리정돈에 관한 것들이다. 비워야만 새것이 들어설 수 있다. 그래서 변화하길 바란다면 먼저 공간을 비운다. 그것이 인간관계라고 한다면 공백이 있어야 새로운 인간관계가 만들어진다.

비움 없이는 새로운 것이 들어설 수 없다. 우리는 간절한 만큼만 버릴 수 있다. 머릿속의 생각만으로는 비움을 실천할 수 없다. 왜 삶에 새로운 것들이 들어서지 못할까 하는 문제에 자문을 한다면 먼저 무엇을 버릴 것인가부터 우선순위를 정한다. 버리지 않는다면 그대로 살겠다는 의지로 볼 수 있다. 그것 역시 하나의 선택이다.

어딘가 내 삶이 바뀌길 원한다면 변하고 싶은 부분부터 편집하라. 편집은 곧 삭제이다. 삭제 안에는 '진공묘유(眞空妙有)'가 일어난다. 비움은 없는 것이 아니라 오묘한 작용이 일어나는 공간을 허용하는 일이다. 비움 가운데는 눈에 보이지 않지만 작용을 하게 만드는 여백이 존재한다. 꽉 들어찬 상태로는 여지가 없다. 새로운 것들에 대한 환영은 비움이다.

인생에 편집력을 발휘하기로 한다면 삶의 패턴이 달라질 것이다. 마음가짐 또한 달라질 것이다. 편집력은 현재 상황에 필요한 관점을 차용하는 일이다. 이왕 할 것이라면 조금이라도 빠르게 궤도를 수정하는 것이 좋다. 늦어질수록 숙제처럼 부담감이 남는다.

방향이 잘못되면 삶은 불시착하게 된다. 어디로 흘러갈지 알아야 삶이 그 길을 따라 궤도를 벗어나지 않고 묵묵하게 항해할 수 있다. 하나의 방향, 한 곳에 집중된 에너지만이 힘이 실린다. 그리하여 훗날 자신을 중심으로 '세(勢)'도 형성된다.

업에 대해 갈팡질팡한다면 인생은 힘들어진다. 일생일업(一生一業)이라면 어떨까. 적어도 그것을 지향해야 명품 인생을 만들 수 있다. 나이 들어 잘 나가는 사람들은 대부분 한 길을 20년~30년 이상 걸어온 사람들이다. 줄곧 한 길만 왔기에 남들에게 없는 노하우로 신자유주의 시장에서 인정받을 수 있었다. 뿐만 아니라 그들의 노하우는 갈수록 빛을 발해 그 가치가 높아진다.

나는 자주 담백한 인생이란 무엇인가 자문한다. 내가 생각하는 담백한 인생이란 하나의 콘셉트로 살아가면서 점점 내공이 깊어지는 인생을 말한다. 아무도 따라올 수 없을 만큼 삶이 깊어지면 저절로 담백해진다. 담백한 인생이란 일이관지(一以貫之) 인생이다. 짬뽕, 잡동사니, 이것저것, 산만, 어수선, 복잡 등과 거리가 멀다. 멀티 플레이어와도 상반된다. 담백한 인생은 '내'가 깃든 인생이다. 내가 중심인 인생이다. 복잡다단한 인생은 '내'가 빠진 인생이다. 우리는 다양한 정보 속에서 자칫 '내'가 빠진 인생을 살아갈 수 있다.

천착(穿鑿)은 섬세함이다. 한 가지 것에서 오는 아름다움인데, 한 길로 흐르지 않는다면 이러한 깊은 섬세함과 만날 수 없다. 우리는 한 길로 깊이 들어서면 본질과 만날 수 있다.

현재 내 삶은 하나의 방향인가. 정립된 무언가가 있는가. 조금씩 쌓아지고 있는가.

나이 들어감에 따라 취향, 기호 같은 것들은 변한다. 점점 정신없거나 소란스러운 것은 멀리하고 싶어진다. 번잡스러운 것에서 탈피하여 정돈된 것을 찾게 된다. 단아한 분위기에 매료된다. 소란스러움에서 벗어나 내면의 목소리를 듣고 싶어진다. 그동안 '내'가 빠진 인생에 '나'를 복원하려 든다. 드디어 편집력을 발휘할 시점이다.

어떻게 살고 싶다는 전체 총론이 있어야 각론도 나올 수 있다. 각론은 생활의 작은 실천들이다. 지금까지 불특정다수의 삶을 지향했다면 이제부터는 특정소수를 맞춤으로 하는 편집력을 발휘하겠다는 실천들이다.

인생은 나이별로 다른 패러다임이 요구된다. 30대의 패러다임으로 40대를 살 수 없다. 20대를 30대 패러다임으로 살아서도 안 되고, 50대를 40대의 패러다임으로 살아서도 안 된다. 나이에 대한 개념이 흐트러지면 자칫 10년을 잃는다. 나이는 먹었지만 미성숙한 인격으로 남아 있는 주변 사람들을 본다. 나이와 패러다임이 안 맞는 경우다.

직장을 바꾼 경우라면 새 직장에 따른 새로운 퍼러다임의 편집력이 요구된다. 지금 내가 서 있는 위치부터 파악해야 패러다임에 대한 이해가 빨라진다. 환경이 변화하면 거기에 맞게 편집력은 달라진다.

라이프스타일을 '다운시프트'라는 느린 삶으로 가고자 하는 경우라면 걷기, 명상, 올레길, 둘레길, 자연 등이 키워드다. 더불어 슬로우 푸드 같은 범주들이 편집 영역에 들어온다. 살아가면서 때때로 이러한 개념 정리가 되어야 삶이 달라진다. 내가 서 있는 자리에 따라 범주는 바뀐다. 그래서 현재 좌표를 점검하는 일은 항상 요구된다.

과거를 등에 지고 미래를 살 수는 없다. 버릴 것과 취할 것을 구분하는 능력이 삶에서 절실하다. 이것은 모두 편집력에서 나온다. 현재 좌표부터 점검해야 삶이 달라질 수 있다. 인생에서 편집력을 발휘해야 하는 이유는 들어와야 할 정보와 들어오지 않아야 할 정보를 구분하는 능력 때문이다. 잡동사니 같은 정보로는 속도에 힘도 실리지 않을 뿐더러 정보가 많을수록 추진력도 없어진다.

　편집력을 발휘하다 보면 방향성이 생겨 갈 길이 명료해진다. 그리하여 짐이 정리된다. 만나야 할 사람, 꼭 해야 할 일, 당장 우선순위 등이 정리된다. 짐이 가벼워야 속도를 받아 멀리 갈 수 있다는 것을 강조하고 싶다. 인생은 최대한 필요한 것들만 배낭을 꾸려 가볍게 갈 필요성이 있다. 어느 한 범주를 정하는 것이 인생이라는 길에 짐을 가볍게 할 수 있는 요건이 된다.

　살아간다는 것은 더하기가 아니라 빼기 인생이다. 꼭 요긴한 것들로만 추리면 인생에 추진력이 발휘된다. 우리는 나이 들수록 에너지 차원이 줄어든다. 거기에 걸맞게 짐을 덜어내면 탄력받을 수 있다. 제대로 쓰고자 한다면 한정된 에너지는 항상 부족하다. 마찬가지로 우리의 인생도 유한하다. 정작 중요한 것은 지금부터다.

혼돈
상태로는
속도를
낼 수 없다

일취월장(日就月將)이라는 말은 누구나 좋아한다. 하루아침에 달라지는 것들은 우리의 탄성을 자아낸다. 우리는 각자 내면에 잠재력이 있지만 그것을 활용하지 못한다. '잠자는 거인'을 깨우지 못하고 인생을 마감한다. 자신에게 거인이 있는지조차 모르는 사람도 많다. 그래서 잠재력을 극대화시키지 못한다.

행운은 어디에서 오는가? 대부분 먼 곳의 파랑새만을 기다리고 스스로 사다리가 될 생각은 하지 않는다. 일취월장이라는 것은 내면의 무엇을 갈고 닦았을 때 만나는 행운이다.

모든 유혹을 뿌리치고 내면에 집중했을 때 우리는 잠자는 거인과 만날 수 있다. 그리하여 세상에 하나밖에 없는 브랜드를 만들어낸다. 그러기 전에는 보는 것, 듣는 것의 유혹에 사로잡혀 정작 내면의 거인을 보살피지 않는다. 다른 거인만 흘끗거리거나 부러워하면서 정작 자신의 거인에게는 소홀하다.

음식을 먹을 때 뒷맛이라는 게 있다. 뒷맛에 따라 음식은 다르게 평가된다. 다음에 먹을지 안 먹을지도 이 뒷맛에 따라 결정된다. 뒷맛이 담백할수록 음식의 가치는 높게 평가된다. 뒷맛이 강하면 어쩐지 첨가물이 더 들어 있을 것 같은 느낌이 든다. 자극 덜한 뒷맛이야말로 깊은 내공의 맛이다.

담백한 맛은 담백한 인생만큼이나 걸러진 맛이다. 자극적인 맛으로

주의를 끌기는 쉽지만 깊은 내공의 맛은 함부로 따라잡을 수 없다. 음식은 색깔로, 값비싼 재료로, 형태로, 시각으로 시선을 사로잡을 수 있지만 담백한 맛만큼은 만드는 사람의 내공에서 나오기 때문에 쉽게 따라잡을 수 없다. '담백'이라는 말은 누구나 쉽게 흉내 낼 수 없는, 군더더기 없이 생을 산 사람만이 만들 수 있는 맛이다.

요리에 데코레이션을 달기란 쉽다. 코디를 할 수 있는 것들은 얼마든지 넘쳐난다. 아스파라거스, 당근, 양파, 청경채, 마늘, 견과류 등 보기에 먹음직스러운 것들이다. 화려한 재료나 각종 첨가물로 식욕을 자극하긴 쉬우나 이런 것들은 모두 '더하기'에 해당된다.

나이 들수록 얼굴이 맑아져야 하는 건 얼굴에 담백한 정도가 드러나기 때문이다. 얼굴에는 많은 것들이 쓰여 있다. 아이러니하게도 자신만 잘 모른다. 다른 사람은 너무나 잘 읽어지는 것들인데도 자신만 혼돈 속에 살아간다. 안개 속에서 불시착을 염려하지 않을 수 없다. 그래서 더 편집력을 말해야 하는 시점이기도 하다.

편집력은 선택과 집중에 관한 것이다. 뭘 해야 할지, 언제 해야 할지, 꼭 해야 하는지에 관한 것들이다. 이것 없이는 혼돈된 인생이다. 젊은 나이라면 상관없지만, 어느 시점을 지난 나이라면 정말 편집에 대해 생각하지 않을 수 없다. 편집력은 곧 담백한 인생에 관한 것이다.

일은 우리의 정서나 정신을 이룬다. 당신이 무슨 일을 하며, 무슨 생각으로 하루를 사는지 기운으로 드러난다. 번잡스럽게 살면 번잡스러운 기운이 밖으로 풍긴다. 마음이 무거운지, 가벼운지, 탁한지 등이 모두 행동에서 기운으로 뿜어져 나온다. 담백한 인생이 아니라면 더 복잡한 상황에 갇히게 된다. 선택과 집중에 어려움을 겪기 때문이다.

미련이 남는다고 인생이라는 배낭에 온갖 잡동사니를 넣을수록 생은 무게로 주저앉는다. 중요한 몇 가지에만 집중하면 된다. 과거가 아닌 현재를 살며, 사용하지 않는 물건은 처분하고, 간소하게 꾸미며, 불필요한 것도 줄이고, 정기적으로 삶을 재정비한다. 나를 객관적으로 바라볼 수 있어야 한다.

사람은 '책, 만남, 여행'이라는 세 가지에 자극받는다. 이 세 가지를 내 삶으로 초청하여 편집력을 발휘한다. 갈팡질팡하다 불시착한 나이 듦이 많은데, 마흔에 하지 못하는 것들을 쉰에 하려면 몇 배 더 힘들다. 이를수록 삶에 편집력을 발휘하면 좋은 이유이다.

삶의 에너지를 모은다.
하나를 제대로 해봐야 다음 길이 열린다.
먼저 장인정신으로 한 곳을 깊게 판다.

공병호경영연구소의 공병호 소장은 이름이 브랜드가 된 사람이다. 그는 아카데미즘과 저널리즘 사이 중도 노선에 초점 맞춘 저술과 강연을 하며 살았다. 1인 기업에 대한 정보가 거의 없던 시절, 선택과 집중의 삶을 살기로 마음먹고 새벽 3시에 일어나 매일 한 치의 흐트러짐 없는 하루를 보냈다. 감정의 낭비를 줄이기 위해 가족이나 친구 등 주변 관계도 정립했다. 덜 중요한 일을 줄여나가는 빼기의 미학을 통해 오늘날 스스로를 1인 브랜드로 만들었다.

"모든 잡기(雜技)를 포기했어요."

모든 잡기를 포기하고 나서 자신이 가진 시간과 역량을 생산적으로 만든 것이다. 이것은 자신의 삶에서 중요순위를 아는 일에서 비롯된다. 삶에서 중요순위를 모른다면 잡기로 흐른다. 그는 1인 기업가가 되기 위해 유행에 놀아나면 안 된다는 것, 남들에게 팔 수 있는 가치가 없다면 사업을 벌여봐야 십중팔구 망한다는 것, 매일 지치지 않고 하려면 자신이 좋아하는 일을 해야 한다는 것 등을 실천하고 살았다.

혼돈 상태로는 인생에서 속도를 낼 수 없다. 인생의 콘셉트를 말하라고 하면 과연 몇 명이나 자신 있게 대답할까. 어차피 우리는 강점을 살린 콘셉트에 의해 길을 간다. 그 콘셉트가 이끄는 대로 범주 안에서 여러 가지 작업을 수행할 수 있다. 만약 작가라고 한다면 방송국, 전업작가, 기자, 편집인, 칼럼니스트, 기획인 등의 일을 할 수 있다.

강점을 알고 거기에 맞게 자기계발하는 것은 진화에 해당한다. 더 깊이 성장하려면 선택과 집중을 해야 하고, 그것의 계발이 절실하게 요구된다. 콘셉트가 정해지면 내 인생에 쓸 자료와 쓰지 않을 자료를 구분할 힘이 생긴다.

타인의 것을 따라가다 내 것을 살리지 못하는 실수를 하고 싶지 않거든 먼저 자아부터 탐구한다. 그래야만 내가 할 역할과 나아갈 방향도 보인다. 우리는 인생에서 편집력을 발휘하지 않고는 영영 참자아와 만날 수 없다.

방향성이
없으면
추진력도
없다

방향성은 인생의 콘셉트에서 나온다. 어떻게 살겠다는 콘셉트를 정하고부터 보이는 것들, 들리는 것들이 다르게 편집된다. 원하는 정보는 더 열어두고 그렇지 않은 것들에 대해서는 적당히 차단하게 된다. 이래야 비로소 추진력이 생겨 가속이 붙는다.

삶의 콘셉트가 없다면 아직 철든 인생이라고 보기 어렵다. 철든 시점에 우리는 어떤 가치관으로 이 생을 통과할지, 어떻게 인생을 살지 나름대로 각오를 한다. 그것이 바로 삶의 방향성이다. 어떻게 살고 싶은지에 대한 콘셉트가 있어야 그 내용물도 채우게 된다.

영국 변호사 피터 베넨슨은 세계 곳곳에서 벌어지는 독재와 인권 탄압에 대하여 자신이 조금이라도 해결할 방법이 있을지 생각해 왔다. 그래서 〈옵저버〉라는 신문에 '잊힌 수인들'이라는 글을 투고한다.

'세계 어딘가에서 어느 누군가가 자신의 신념이나 종교가 그 나라 정부에 의해 받아들여질 수 없다는 이유 하나로 구금되고 고문당하고 처형된다. …… 만약 전 세계에 걸친 이런 무력감을, 우리가 하나의 행동으로 모을 수 있다면 보다 효과적인 그 무엇이 만들어질 수 있다.'

전 세계에서 어마어마한 호응이 쏟아졌다. 피터 베넨슨에 의해 '앰네스티'는 1961년 국제 비정부 기구로 출발한다. 지난 50년 동안 앰네스티는 많은 일을 했다. 지금은 전 세계에 300만 명이 넘는 회원과 후원자를 가진 거대한 인권운동단체가 되었다. 이것이 보통 사람들이 만드는 특별한 변화다.

'앰네스티'는 양심수들을 비롯해 사형수, 미얀마 시민들, 이주 노동자, 슬럼에 살고 있는 케냐의 시민들, 정부의 의료정책이 불충분하기 때문에 죽어가고 있는 산모 등 전 세계 수많은 사람들에게 도움을 준다. '앰네스티'가 50년 동안 성공적으로 활동할 수 있었던 비밀은 바로 편지쓰기에 있었다.

전 세계 어느 곳에서든 인권침해가 발생했다는 얘기를 들으면 앰네스티의 회원들은 편지를 쓴다. 해당국 정부에게도 쓰고, 피해자나 피해자 가족들에게도 쓴다. 다들 모여서 열심히 편지를 쓴다. 이런 편지 한 통, 한 통이 모여 세상을 바꿀 수 있다는 힘이 존재한다는 사실을 증명한다. 1976년 앰네스티의 캠페인으로 석방된 노조 지도자 중 한 사람이 쓴 편지는 다음과 같다.

'나는 어느 지하 독방에 발가벗겨진 채 갇혀 있었습니다. 처음 200통의 편지가 오자 간수들이 옷을 돌려주었습니다. 200통이 더 오자 교도소 관리인들이 나를 보러 왔습니다. 편지가 무더기로 더 오자 교도소 책임자가 상사에게 연락을 취했습니다. 편지는 계속 왔습니다. 편지가 3천 통이 되자 그 교도소 소장이 사무실로 나를 불렀습니다. 소장은 내게 자신이 받은 커다란 상자를 보여주면서 어떻게 당신 같은 노동조합 대표가 전 세계에 친구들이 있을 수 있느냐고 물어봤습니다.'

편지는 인권침해를 멈추게 하고 피해자들에게는 희망을 주지만, 동시에 편지 쓰는 사람에게도 힘을 준다. 이러한 추진력은 방향성이 정해질 때 생긴다. 방향이 있어야 사람도 모인다. 그리하여 하나의 세(勢)를 만들게 된다. 힘을 받는 것은 방향성이 있고 난 다음의 이야기다.

이영권 세계화전략연구소 소장은 서른 후반에 기업의 꽃이라는 임원이 되었다. 역대 최연소였다. 뉴욕지사에 파견되고 자동차 구입 건으로 판매왕 조지 브라운을 만난다. 그때 고객 중심의 세일즈에 대해 새롭게 눈 뜬다. 조지 브라운을 멘토로 삼고 자신만의 성공 시스템을 만들어 가면서 한국에도 성공학의 시대가 올 것을 예측하여 성공 시스템을 체계화시킨다.

귀국 후에 1인 기업가로 변신하여 '세계화전략연구소'를 창립한다. 이소장이 말하는 누구에게나 통용되는 성공 시스템 여덟 가지는 이러하다.

1. 목표를 정확하고 명확히 하라.
2. 시간관리를 철저히 하라.
3. 나름의 건강관리 방법을 익혀라.
4. 이미지도 경쟁력을 넘어 생존이다.
5. 휴먼 네트워크 시스템을 만들어라.
6. 철저한 재무관리를 해라.
7. 멘토를 따라 해라.
8. 베푸는 것을 잊지 마라.

성공으로 가는 방법은 본질적으로 같다는 것이 세계화전략연구소 이영권 소장의 철학이다. 그는 이러한 성공 시스템을 따라 지난 시간을 살아왔다. 연 700회가 넘는 강연과 40권에 달하는 저서를 집필하면서 성공 시스템에 따라 한 분야에서 일가를 이룬 것이다. 경제관련 자기계발 강의에 그를 떠올리는 것은 이러한 한 길을 꾸준히 걸어온 것에 대한 노하우를 듣기 위해서다.

자신만의 철학으로 확고하게 무장한 사람일수록 결정과 판단에 있어 시원스럽다. 철학이 있어야 판단도 빠르다. 그래야만 믿고 따르는 주변과 세를 같이 할 수 있다. 그런데 몸 사리고 줄 서기 바쁘다면 철학이 생겨날 틈이 없다. 철학이 있는 사람만이 자신의 콘셉트를 분명하게 그리고 정확하게 전달할 수 있다.

방향성 없는 사람이 리더가 되면 그러한 리더를 따르는 사람들이 가장 먼저 골탕 먹는다. 판단이 제대로 서지 않으니 연습게임하다 끝나거나 실험 대상이 된다. 리더가 자기 철학이 확실해야 하는 이유다. 리더는 한 방향으로 카리스마를 발휘해야 하는데, 일하면서 자꾸 길을 갈아타거나 팔랑귀가 되면 따르는 사람들도 우왕좌왕하게 된다. 엉뚱한 데 에너지를 써서 힘들어질 뿐 아니라 일을 수정하는 것이 새롭게 시작하는 것보다 힘든 경우가 많다.

자기혁명의 시점은 편집력을 발휘하는 시점과 일치한다. 그 시점부터 길이 선명하게 보인다. 정보가 집중되고 추진력도 생긴다. 이렇듯 자기혁명 없이 우리는 나아갈 수 없다. 어떤 방향으로 가겠다는 것이 인생 어느 시점에는 반드시 있어야 한다. 인생 2막이든, 3막이든 다시 한 번 그러한 자기혁명이 필요하다.

추진력은 방향이 정해질 때 생긴다. 콘셉트가 정해지면 콘셉트에 맞는 것과 맞지 않는 것을 구분하기 쉬워진다. 콘셉트를 정할 때까지 공력을 들인다면 다음에는 수고를 덜해도 된다. 인생에서 자신의 역할과 그렇지 않은 것에 대한 명확한 구분은 버릴 것과 취할 것에 대한 구분이다.

출판은 확실하게 하나의 콘셉트를 독자에게 전달하는 형식이다. 인생 역시 어떤 방향으로 나아갈지 콘셉트를 묘비명에 전달하는 형식이다. 1인 1콘셉트 인생인 것이다. 그런 개념에서 이 책은 인생을 한 권의 책에 비유했다. 갈팡질팡하다가는 세월이 금방 간다. 묘비명에 적힌 아쉽다는 문장만큼이나 인생은 짧다.

당신의 1인 1콘셉트는 무엇인가.

콘셉트
없는
인생은
편집력을
발휘할 수
없다

수없이 잡지를 만들고 책자를 만드는 과정은 모두 콘셉트를 맞추는 작업이다. 정해진 콘셉트에 따른 삭제나 추가다. 이것은 하나의 컬러를 가졌다는 의미다. 우리는 이것을 삶에 어떻게 적용해야 할까. 우선 자신의 강점으로 콘셉트를 구성해야 한다는 점이다. 누구나 할 수 있는 이야기가 아니라 자신만이 할 수 있는 이야기라면 완성도가 높아진다.

오지랖 넓은 경우 당장은 빛나 보이지만 결국 어느 한 분야에서 장인으로 도달하기 어렵다. 장인은 예술적인 경지까지 이르는 것을 말한다. 완성도를 높이는 과정은 정신력을 요구한다. 또한 정신력뿐만 아니라 절대량의 에너지도 요구한다. 이것저것 재능이 많다면 스스로 하나에 집중하지 못하고 에너지를 분산한다. 이것저것 뛰어나지만 결국 특별한 결실을 맺지 못하는 사람들의 특징이다.

어느 하나도 제대로 해내려고 마음먹는다면 쉽지 않다. 모든 일에 욕심내기보다 꼭 필요한 하나에 도달하는 것이 중요하다. 꼭 필요한 곳에 에너지를 쓰고 여력이 있다면 주변에 확장하는 방법이 좋다. 처음부터 이것저것 손대는 것은 욕심이다. 거듭 말하지만 편집력을 발휘할 수 없는 인생은 결실을 만나기 어렵다.

《남자의 물건》에서 팔순의 이어령 전 문화부 장관은 3미터가 넘는 책상을 '소중한 물건'이라고 말한다. 앞뒤로 작업하기 좋게 들여놓은 여섯

대의 컴퓨터는 팔순의 그가 현역이라는 것을 증명한다. 그에게 있어 그의 저서는 모두 책상에서 나오는 힘이다. 그 책상에서는 언어 병사들이 그의 사열을 받기 위해 항상 대기하고 있다.

그냥 책상이 아니다. 의미 부여를 하자면 평생 글로 살아온 사람의 위안 같은 공간이다. 여전히 창조의 샘이 솟아나는, 평생 한 길에 종사해온 사람만이 누릴 수 있는 혜택이다. 앞뒤에 놓인 책상 위 여섯 대 컴퓨터는 팔순의 그를 더 가치 있게 만든다. 파편 같은 단어에 의미를 부여하고 하나의 맥락을 만드는 작업을 통해서다.

스스로 원하는 환경을 만들어 최적의 자신을 표현하는 일은 인생에서 유의미하다. 어느 나이가 되면 인생의 대차대조표를 작성하게 된다. 열심히 살아왔다고 하는데 정말 잘 살아왔나 스스로 질문을 던지게 된다. 열심히 산 것과 잘 산 것은 다르기 때문이다. 바쁜 것과 잘 산 것과도 다르다. 특히 가슴의 허망함이 없이 잘 살았다는 것은 자신의 꿈과 가깝게 살았다는 의미다.

이러한 모든 것은 퍼스널 브랜딩에 관한 일이다. 몇십 개국에서 해외 봉사를 했던 국제적인 오지 탐험가 한비야가 있고, 시원한 입담 강의로 공감대를 형성한 국민강사 김미경, 놀아야만 잘 사는 것이라는 휴테크를 주장한 김정운 교수도 있다.

모두 각자의 개성을 살려 퍼스널 브랜딩을 확고하게 했다. 이들 모두는 개성이 넘치는데, 자신의 길에 대한 자부심도 남다르다. 스스로 길을 낸 사람들이라는 공통성이 있다. 자기만의 콘셉트를 세상에 가감 없이 드러낸다. 자신에게 초점을 맞추면 하나의 세계가 만들어진다. 자신에게 초점을 맞출 때부터 편집력이 강화되기 시작한다.

시간은 물리적인 크로노스의 시간, 의미로 채워진 카이로스의 시간, 그리고 결실의 시간 플레루가 존재한다.

즉 어떤 목표를 향하여 편집력을 발휘한 순간부터 변화 없는 지루한 시간들을 끊임없는 노력으로 자신을 갈고닦아야 하는 시기 크로노스.

크로노스의 시기를 잘 보낸 사람에게 찾아오는 변화와 고통의 시기 카이로스.

그리고 이 시간들을 이겨낸 사람에게 찾아오는 완성의 시간 플레루의 시기가 있다는 것이다.

자기혁명이 이루어진 다음의 시간은 그 질이 다르다. 편집력이 생기는 시간으로 탈바꿈하는데, 시간의 의미가 달라지기 때문이다. 소명이나 꿈을 발견한 후부터 시간은 그전 시간과 다른 차원이 된다. 영혼 없는 길에서는 편집력이 나오지 않는다. 여기에서 말하는 편집력이라는 것은 꿈과 소명, 비전에 관한 선택을 말한다.

"중국의 대학생은 초엘리트다. 그들의 언동이 사회에 미치는 영향은 아주 크다." 베이징 대학에서 강의하고 있는 한 외국인 교수의 말이다.

실제 중국의 근대화를 이끄는 데 중요한 역할을 한 부류가 미국으로 국비 유학을 갔던 베이징 대학 출신들이다. 중국 정부는 우수한 학생들을 선별하여 다음 세대의 고도 성장을 위해 엘리트들의 양성을 추진했다.

미국의 엘리트를 점하고 있는 것은 동부의 유명 8개 대학이다. 예일, 브라운, 콜럼비아, 코넬, 다트머스, 펜실베이니아, 프린스턴 대학인데, 이들이 취업하는 곳은 1위가 월가이고 2위가 할리우드다. 관료나 공무원은 5위 이하다. 그런데 우리나라에서만 유독 공무원이나 공공기관이 대세다. 그 많은 인재들이 공무원이 되면 빠르게 관료주의에 물든다.

나무는 각자 쓰임새가 다르다. 같은 나무라도 자란 기후와 토질 등에 따라 목재의 재질이 다르다. 악기는 만드는 장인에 따라 맞는 나무를 고르듯이 바이올린의 상판에는 독일에서 자란 피히테, 클래식 기타에는 스프루스 식으로 각각 용도가 다르다.

사람도 예술, 정치, 관료, 기술, 스포츠, 언어, 마케팅, 기획 등 모두 다른 강점을 가졌다. 국가 경영은 인재들의 소질과 능력을 최대한 발휘할 수 있는 시스템을 연구하여 적재적소에 이들을 배치하는 일이다. 국가 운영에서도 편집력을 발휘해야 하는 것이다.

큰 나무는 큰 나무로써, 작은 나무는 작은 나무로 각자 역할이 있다. 재능에 맞게 쓰임새가 다른 것이다. 그것이 진정한 엘리트 코스이다. 하지만 인생에서 자기혁명이 일어나지 않는다면 그러한 길도 만날 수 없다.

얼마 전 대리운전 기사를 부른 일이 있었는데 길을 잘 모르는지 에둘러 갔다. 혹시나 하는 마음에 직업에 대해 질문했는데 역사학과 시간 강사를 하다 잠깐 대리운전을 한다고 했다. 외람된 말이었지만 나는 이 일에 오래 머물지 말기를 당부했다. 잠깐 탈출, 회피, 유기, 방임은 나중에 더 큰 불행으로 돌아올 수 있기 때문이다. 인생은 정면 승부를 하지 않을수록 꼬인다. 자기다워지는 길은 자신에 맞는 길을 찾는 데 있다.

인생의 어느 시점부터 스스로 은퇴시기를 결정할 수 있어야 한다. 아무런 계획 없이 떠밀리듯 조직에서 나오면 당장 후반부 삶에 대한 통제력을 잃는다. 조직은 개인의 인생을 끝까지 책임져 주지 않기 때문에 적절한 시점에 1인 기업가 자세로 삶에 통제력을 발휘해야 한다. 고급 공무원으로 정년퇴직하면 낙하산 인사가 보장되긴 하겠지만 그건 일부에 지나지 않는다.

나는 어떤 꽃으로 필까?

이것을 생각하지 않는다면 한정된 파이를 놓고 경쟁하게 된다. 갑자기 변화된 환경에 적응하기 위해서는 자기혁명이 필요하고 그 시점이 삶에 콘셉트를 들여야 하는 때다. 인생에서 편집력에 대한 개념이 있는 것과 그렇지 않은 것은 후반부 삶의 모양새가 달라진다.

우리에게는 각자 저마다 키워드를 가질 자격이 있다. 편집력은 시간이 지나 누적되는 보상을 가져다주는 역할을 한다. 인생은 키워드에 따라 일상의 정보와 사람들이 편집된다. 그리고 그 자체가 힘이 되는 순간이 온다. 당신의 키워드는 무엇인가.

편집력을
새롭게 하는
것만으로도
삶은
바뀐다

얼마 전 중요한 보고서를 봐달라는 부탁을 받았다. 보고서를 검토하니 구성만 달리 한다면 정말 좋을 텐데 하는 아쉬움이 들었다. 보고서 내용의 가장 중요한 축은 '경제'와 '인권'이라는 두 가지 개념이었다. 그것을 중심으로 상위개념과 하위개념을 짜면 좋겠지만, 보고서는 이러한 상위, 하위개념이 뒤섞여 매우 혼란스러웠다. 개념을 쉽게 파악할 수 있는 편집력이 아쉬웠다.

내용을 섞어놓으면 현란한 밥상을 차려놓은 것 같지만 정작 어디에 손댈지 모르는 눈속임도 동반한다. 잘 차려진 밥상이라는 것은 콘셉트에 대한 명료성이 드러나는 것을 말한다. 콘셉트에 살을 붙이는 것은 괜찮지만 중언부언하는 것은 산만한 인상을 줄 수 있다. 상위개념과 하위개념에 대한 구분이 없다면 층위 구분을 못 하는 것이 된다. 나는 그 보고서를 작성한 교수 옆에 있는 사람들이 힘들 것 같다는 생각을 잠깐 했다.

철학으로부터 나온 콘셉트가 있어야 편집력도 발휘할 수 있다. 삭제나 추가는 모두 콘셉트에 따른 하위개념이기 때문이다. 무엇을 책임진다는 것은 이러한 선택과 집중에 관한 것이다. 다양하기는 하지만 막상 제대로 된 필살기 하나 없다면 인생 역시 빛 좋은 개살구가 되기 쉽다.

그래서 구성을 새롭게 하는 것만으로도 삶은 바뀐다. '콘셉트 인생을 살아왔는데 왜 나는 효과가 없을까?' 하는 의구심이 든다면 구성에 눈길을 돌려본다. 같은 내용이지만 구성만 달리 해도 분위기가 새롭다. '무엇'보다 '어떻게'가 더 화두인 시대다. 구성은 곧 창의다. 발상의 혁명, 생각의 혁명 같은 것이다.

구성은 시행착오를 필요로 한다. 처음부터 마음에 쏙 드는 구성이 될 수 없다. 이런저런 시도를 해보는 가운데 점점 감을 잡고 좋아지게 된다. 구성은 어떤 모양새를 갖출 것인가 하는 크고 작은 일에 해당된다. 작은 일에도 구성만 달리한다면 효과를 거둘 수 있다. 우리는 한 주, 한 달 또는 일 년을 사는 구성의 짜임새를 달리 가져갈 수 있다.

새로운 구성을 시도해보는 참신함 속에 놀라운 효과가 있다. 이벤트 자체도 새로운 구성이다. 늘 하던 방법이 아니라 다른 방식으로 접근하는 모든 것이 구성에 해당한다. 인생에서 전환점을 맞이한 사람은 인생의 구성을 달리한 경우이다. 인생 2막이든, 3막이든 우리는 필요에 따라 얼마든지 구성을 달리할 수 있다.

신상목 외교관은 엘리트 외교관이었다. 하지만 2008년 파키스탄 주재 한국대사관으로 발령받은 지 딱 한 달 되던 날, 인생의 전환점을 맞이한다. 그 시점부터 인생의 구성을 달리하자는 마음을 먹는다.

그는 가족과 저녁 식사를 하기 위해 파키스탄 특급 호텔인 메리어트 호텔 레스토랑을 예약한다. 그러나 개인적인 사정으로 인하여 예약시간을 넘기고 조급한 마음에 호텔로 향하기 위해 서두르던 중 어디선가 '꽝' 하는 굉음을 듣는다. 가족들과 저녁 식사를 하기로 했던 바로 그 시간, 그 장소에서 자살폭탄 테러가 발생한 것이다. 폭탄을 실은 트럭이 호텔로 돌진하여 100여 명의 사망자를 냈다. 체코 대사 등 외국인 6명이 목숨을 잃었고 사망자 명단을 정리하다 문득 자신의 이름도 여기 있었겠다는 생각이 들었다. 죽음이 아주 가까이에 있다는 깨우침이었다.

그는 내가 지금 잘 살고 있는 걸까 하는, 생을 관통하는 질문을 스스로에게 던진다. 원하는 삶을 살고 있는가에 대한 물음이다. 그날부터 묵묵히 원하는 삶을 고민한다. 그가 죽음 앞에서 얻은 가장 큰 깨달음은 그동안 타인의 시선에 사로잡혀 사는 무의미한 삶이었다는 것이다.

'오늘이 내 생의 마지막 날이라면 무엇을 할 것인가?'라는 질문에 따라 자신 안의 진짜 욕망을 발견했다. 그것은 음식점 사장으로, 사람들에게 생기를 선물하는 사람이 되고 싶다는 욕망이었다. 그 꿈은 일본 주재 한국대사관에서 일할 때 생겨난 것이었다. 영사과장이었을 때 민원인들의 불만을 해결하는 것이 주업무였는데, 갖가지 민원을 들고 온 사람들과 하루 종일 씨름하다 늦은 점심시간에 식당에 가면 음식 한 입에 평안함이 깃들었다. 짜증스럽게 들어오던 사람들도 웃으며 음식점을 나서는 모습에서 음식점은 행복을 파는 곳이라 생각했다. 단골 우동집 '기리야마'는 대를 이어 100년 동안 우동만 연구하여 팔았다. 3대째 수제 우동을 만드는 장인의 집이었는데, 주인 할아버지께 한국 지점을 내고 싶다고 말씀드렸더니 외교관의 직분이 끝나면 그때 생각해보자고 했다. 그리고 얼마 후 파키스탄 주재 한국대사관으로 발령을 받았던 것이다.

그는 파키스탄에서 테러를 겪은 후 일본의 기리야마 주인 할아버지께 간곡한 편지를 띄운다. 가문에서 대를 이어 일궈낸 그 맛을 한국에도 전하고 싶다는 내용이었다. 할아버지는 편지를 받고 감사의 답장을 보냈다. 외국인이 그토록 자신의 우동을 소중히 여겨주는 것에 감복했고 자신의 일에 보답받는 기분이었다는 것이다.

외교관 생활을 정리한 후 그는 4년의 준비 끝에 강남역에 우동 기리야마를 개업한다. 그리고 잠자는 시간 빼고 모든 시간을 기리야마에서 보낸다.

그의 마음은 여전히 외교관이다. 일본 요식업의 정신을 한국에 전하고 싶기 때문인데, 한국에 일본 음식이 많이 들어와 있지만 형식만 들어온 경우가 많다. 일본에서는 요식업을 귀한 직업이라 여기며, 좋은 정신을 가진 음식점은 롤모델로 존경받는다. 사회적 지위나 남들의 시선이 아니라 한 그릇의 우동이 주는 작은 만족을 택한 그는 매일 아침 눈 뜨는 게 행복하다.

가장 높은 투자수익률은 꿈에 투자할 때이다

꿈을 가진 이들을 만나면 그들은 약간 들떠 있다. 생계가 먼저인 삶에서 어떻게 꿈 운운할 수 있을까. 꿈을 꾸는 사람은 언제나 에너지가 넘쳐난다.

눈동자의 생기, 말하는 자신감, 그리고 몸에서 풍기는 자존감 등 꿈을 꾸는 사람의 에너지는 다르다. 꿈을 향한 여정을 일찍 시작한다면 더 이르게 결실을 볼 수 있다. 마흔보다는 서른에, 서른보다는 스물에 꿈을 향해 발을 디딘다면 더 좋다. 하지만 대부분 뒤늦게야 꿈을 만난다.

사회적인 조직에 연연할수록 꿈은 안 보인다. 내가 누구인가를 알아야 꿈도 꿀 수 있다. 조직의 그늘에 오래 머무를수록 꿈은 퇴화된다. 꿈을 꾸는 사람은 항상 꿈에 대해 생각한다. 그러니 일상에서 확실하게 편집력을 발휘할 수 있다.

일상의 편집력이 모이면 의지가 되고 신념이 된다. 구체적으로 상상하면 꿈이 더 당겨온다. 구체적인 자신의 꿈이 설정된 사람은 편집력을 활용하기 때문에 아주 빠른 진도를 나간다. 그들이 얼마나 선명하게 미래를 생각하는지 상상 이상이다.

구성을 새롭게 하는 것만으로도 삶은 바뀐다. 내 삶에서 확실한 가치를 찾았는가. 지금 이대로 가도 되겠는가. 아니라면 책, 사람, 여행을 통해 발상의 전환을 이루기 바란다. 자극받아야 새로운 구성이 들어선다. 지금 가는 길에서도 새로운 구성이 필요하다. 늘 하던 방식, 뻔한 것들로부터 자기혁명으로 거듭날 수 있다.

발상의 전환은 만나던 사람들, 읽던 종류의 책, 늘 하던 여행이 아니라 좀 더 색다른 곳에서 일어난다. 외부 자극에 자신의 구상을 맞추는 것이 가장 좋은 방법이다. 외부 자극이 들어오면 그것은 다시 자신의 내부로 초점이 맞춰진다. 여기서는 의미재구성 없는 말초적인 자극을 말하는 것이 아니다. 포털에 나오는 자극적인 제목이 아니라 삶에서 좋은 영향을 끼치는 자극을 말한다.

때론 형식이 내용을 좌우하기도 한다. 내용으로부터 형식이 나오기도 하지만 형식에 따라 내용물이 달라지는 것도 목격한다. 닭이 먼저냐, 달걀이 먼저냐 하는 것처럼 형식과 내용은 밀접한 관계다. 때로는 과감하게 형식으로부터 변화를 부를 수 있다. 당신의 삶을 변화시킬 형식은 무엇인가. 외부적인 환경부터 바꿔 내부적인 변화를 일으켜라.

인생에도
서론,
본론,
결론이
있다

인생뿐만 아니라 모든 것에는 서론, 본론, 결론이 있다. 머리만 있고 꼬리가 없거나 서론이나 본론은 생략한 채 결론만 얻으려 드는 것은 합당하지 않다. 성격이 급한 것도 과정을 생략하고 답만 얻겠다는 태도이다. 맥락을 안다는 것은 이러한 서론, 본론, 결론에 대한 절차를 이해한다는 뜻이다.

서론과 본론에 공을 들이면 결론은 좋아진다. 물론 결론을 얻기까지는 뒷심을 발휘해야 한다. 100세 시대라고는 하지만 정신 건강이 총명할 때는 길지 않다. 본론은 원하는 인생을 살 수 있는 근거를 열심히 만들 때다. 그리고 결론은 인생을 잘 마무리할 때이다.

인생 그래프를 그려보면 우리는 각자 좌표를 어느 정도 예상할 수 있다. 인생이 유한하기 때문에 더 잘 안다. 허튼 짓을 하거나 엉뚱한 것에 에너지 쏟을 만큼 풍족하지 않은 시간이다. 젊은 시절에는 잠깐 방황할 수도 있지만 알고 보면 그때가 가장 사치스러운 시절이었다는 것을 곧 실감하게 된다.

특별한 이변이 없는 한, 잘 나가는 사람은 계속 잘 나가고 못 나가는 사람은 계속 못 나간다. 왜 이러한 현상이 벌어질까? 인생은 정말 불공평하다. 빌게이츠의 말이다.

"세상은 불공평으로 가득 차 있다. 당신은 먼저 그것을 고치고 싶다고 생각하지 말고 먼저 그것에 적응해라."

대한민국의 20대는 취업전선부터 몸살을 앓는다. 최고 스펙을 갖고서도 경쟁해야 하는 상황이 벌어진다. 지금은 화려한 스펙을 들고서도 무한경쟁에, 너도 나도 차별화 없는 스펙 경쟁에서 심신이 고달프다. 모두가 무작정 같은 방법으로만 기둥에 오르려고 하기 때문이다.

이상과 현실의 갈등을 봉합해야 하는 나이 30세가 되어도 여전히 자신의 길에 대한 확신이 없다. 스스로에게 길을 묻는 것이 아니라 주변에 자신의 길을 묻는다. 신념 없이 외부에 휩쓸리다 보니 더 불안하다. 평생 직업에 대한 확고한 가치관이 없다 보니 여러 갈래의 길 앞에서 방황하기도 하고 끊어진 길과 만나기도 한다.

40대라고 안정된 삶을 살까. 여전히 흔들린다. 길어진 노후대책에 대해 걱정한들 뾰족한 대안이 없다. 자녀 교육비와 맞물려 노후는 뒷전이다. 꿈같은 것을 생각할 여유가 없다. 일단 현실부터 살아내야 한다. 40대가 불혹이라는 말은 현실과 거리가 멀다. 가장 외롭고 힘든 시기이다. 자아를 챙길 수 없기에 꿈을 향해 나아간다는 것은 생각지도 못한다. 꿈을 향해 힘차게 사는 사람들을 힐끔 부럽게 쳐다보지만 다시 현실로 돌아와 불안한 세상 속으로 들어간다.

50대는 살아보지 않아 잘 모르겠지만 소명을 발견한 사람과 그렇지 않은 사람으로 구분할 수 있다. 자신만 잘 먹고 잘 사는 삶 아니면 이타적인 삶 두 종류로 나뉜다.

개인차는 있지만 불안한 생애주기다. 우리는 이러한 인생을 한바탕 '꿈'이라고도 부른다. 모든 것에는 유효기간이 있기 마련이다. 그래서 어떤 카드를 선택하느냐가 중요하다. 그것에 따라 인생 편집의 방향이 달라지기 때문이다. 어떤 카드를 드느냐는 당연하게도 편집력을 말한다.

'인생 유효기간'에 대한 개념이 없다면 인생은 더 불공평한 게임이 되고 만다. 시간이 무작정 남아 있을 것이라고 생각한다면 커다란 착각이다. 그런 사람일수록 손에 엉뚱한 패를 쥘 확률이 높다. 현실이 팍팍하니 더더욱 에너지도 모아지지 않는다.

모든 것은 하나로 흘러야 결실이 아름답다. 봉사든, 글쓰기든, 분재 가꾸기든, 독서든 그것이 자신과 관련된 것이라면 힘이 실린다. 인생 유효기간이라는 개념에 대입해 보면 하나의 콘셉트 아래 모아지는 하위개념인 것이다.

어떤 이들은 자신을 하나의 콘셉트로 정의 내리는 것을 극도로 싫어한다. 어느 하나에 규정지을 수 없다는 오만이다. 하지만 인생 콘셉트는 하나로 흘러야 유종의 미를 거둘 수 있다. 그래야 인생 전체가 힘을 받는다.

지금부터라도 늦지 않았다. 서론을 보냈다면 본론부터라도 나만의 차별화를 가져야 한다. 만약 세상이 공평하다면 여유 있게 이것저것 하면서 소소한 즐거움을 추구할 수 있겠지만 신자유주의 시장에서는 자신의 분야에서 대가가 되어야 하는데, 대가는 장인정신 없이는 불가능하다. 우리는 미치지 않고는 어느 한 분야의 정점에 도달하지 못한다.

천재들은 일찍 두각을 나타내어 평균적인 사람을 좌절하게 만든다. 그렇기에 평균적인 사람은 일찍부터 하나에 집중해야 한다. 소설 쓰는 사람이 소설에만 한평생을 바쳐도 좋은 작품을 쓰기 힘들다. 천재가 아닌 이상 매일 노력할 뿐이다. 그러다 보면 점점 좋은 작품을 쓰게 된다.

천재성이 아니라면 하나의 콘셉트 즉, 한 방향성을 향해 지속적인 취사선택을 해야 한다. 인생이라는 단막극의 유효기간 때문이다.

지금 내 길 어디쯤 와 있는가. 이것은 각자가 가장 잘 안다. 나를 넘어서 주변까지 이롭게 하는 사람들이야말로 필살기를 계발한 사람들이다. 일찍부터 자신의 강점을 알고 그것에 열정의 시간을 들인 사람들이다.

모든 편집에는 서론, 본론, 결론이 있다. 처음에는 분위기를 확 바꾸어서 호기심 있게 문 열고, 본론에는 알찬 콘셉트가 있고, 마무리 결론에는 느낌표가 있어야 한다. 처음에는 차별화를 말하고, 본론에는 그 차별화의 근거를 말하고, 결론에는 알맹이를 쥐여준다. 거의 모든 순서가 그러하다. 더 세밀하거나 더 거칠거나 하는 차이가 있을 따름이다.

청춘은 참신한 서론에 해당하고, 본론은 콘셉트의 근거를 채우는 중년에 해당될 것이고, 결론은 알찬 인생의 열매를 거두는 노후일 것이다.

인생에서 서론, 본론, 결론이나 출판 편집에서의 서론, 본론, 결론은 대동소이하다. 편집을 인생에도 그대로 적용시킬 수 있다.

지금 당신은 어느 시기를 지나고 있는가.

아직 이야기는 끝나지 않았다. 넘길 책장은 충분하다. 책과 인생은 비슷한 맥락이다. 하나의 콘셉트로 흐른다는 것, 스토리가 존재해야 한다는 것, 등장인물과 사건이 있고 갈등이 있다는 것, 해결이 있다는 것, 시작과 끝이 존재한다는 것 등이 그렇다.

인생이 한 권의 책, 한 편의 드라마, 한 편의 영화라고 생각한다면 편집에 대해 더 절실하게 와 닿을 것이다. 어떤 부분을 살리고 어떤 부분을 과감히 삭제할지 감이 설 것이다. 감독이나 작가들은 공들여 작품을 편집한다. 필름을 삭제하거나 추가한다. 편집력이 요구하는 것은 인생 총론에 맞춘 '삭제와 추가'다. 즉, 인생에 대한 R&D이다.

현재 시점에서 영화 한 편, 책 한 편, 드라마 한 편에 인생을 대입해 보라. 우리는 자신의 인생이라는 작품에서 작가나 감독이다.

여백 없는
인생일수록
편집력이
먼저다

좌뇌와 우뇌는 아주 다르다. 우뇌가 좋아서 움직이는 편이라면, 좌뇌는 이익이 되어야 움직인다. 이득 없이 좌뇌는 움직이지 않는다.

여성들은 대부분 감성적이다. 유행 따라 너도나도 합류하거나, 새 트렌드를 좇아가지 않으면 소외감을 느낀다. 이성적인 동기라기보다 감성적인 동기에 의해 더 움직인다. 손해나 불이익 등은 기분보다 뒷전이다. 합리적으로 사고하는 방식이 덜 훈련된 탓이다.

이러한 감성형에 우뇌까지 더해지면 그야말로 이성, 합리성, 논리성과는 거리가 멀어진다. 친구도 끼리끼리만 논다. 배울 것이 아무리 많아도 싫다면 어울리지 않는다. 아침에 기분이 좋지 않으면 하루 종일 영향을 받고, 날씨에 영향받고, 꾸중보다 칭찬받기 좋아하고, 기분 나쁘면 도움이 될지언정 인맥을 구축하지 않는다. 충동적이며 지적받기 싫어하고, 사랑만 받으려는 성향이 더 강하다.

나 역시 감성적인, 우뇌다. 그런데 오랜 시간 비문학을 접하다 보니 논리적인 사고로 많이 바뀌었다. 맥락이나 근거, 일의 구성, 순서가 후천적으로 훈련되었다. 돌아보면 좌뇌적 훈련이 도움을 주었다. 꾸준히 한 길에 대해 연속성을 갖는 것, 추론이 잘 되는 것, 근거들이 잘 떠오르는 것, 감정에 매몰되지 않는 것, 당장 지금만 생각하지 않고 길게 보는 것 등이다. 그래서 여성들에게는 비문학을, 남성들에게는 반대로 문학을 읽으라는 것이 내가 추천하는 독서법이다.

자신이 감성형에 우뇌인 여성이라면 객관적으로 자신을 들여다볼 일이다. 내 삶에 조금이라도 좌뇌적 성향을 들여놓으면 인생이 어떻게 달라질지 추론해볼 수 있다. 매사에 훨씬 감정의 지배를 덜 받을 것이다. 좋지 않은 일에 대해서는 근거나 맥락을 생각해보면 그렇게 화낼 일도 없다. 모든 선택에는 원인이 내재하기 때문이다.

　문제는 좌뇌든 우뇌든 현실적으로 힘든 점이 있다는 사실이다.

　좌뇌는 눈에 보이는 현실적인 것을 중요하게 생각하여 길게 보지 않는다. 숲보다는 나무를 먼저 보니 시야가 협소하다는 것이다. 여기에서 삶의 불협화음이 생긴다.

　마찬가지로 우뇌는 작은 것들을 지나쳐 낭만이나 꿈을 찾다 보니 현실적으로 부유하는 느낌이 있다는 것이다. 열심히는 살지만 사는 것에 매몰되다 보면 객관적인 자신의 모습이 안 보인다. 여백 없이 산다는 것은 생각할 틈 없이 산다는 일이다. 지속적으로 생계의 도끼질만 해대는 셈이다.

　도끼를 갈아야 나무도 잘 벨 수 있다. 하지만 방법론은 생각하지 않고 나무 베는 일에만 몰두한다면 어떻게 될까.

　사소한 것에 일희일비하지 않고 객관적으로 자신을 들여다본다면 삶은 쾌적해진다. 자신을 있는 그대로 바라보아야 감정 과잉에서도 벗어날 수 있다. 거리 두고 스스로를 제삼자로 바라보는 연습을 한다면 객관적인 시야를 확보할 수 있다. 여행도 좋은 방법이다. 현재의 자리를 떠나면 자신의 환경을 객관적으로 바라볼 수 있다. 이것도 삶에서 여백이 있어야 가능하다.

'그는 잘하고 있는가?'

'그녀는 제대로 하는가?'

어느 시공간에 있는 자신을 3인칭으로 떠올린다. 그러면 객관적으로 가감 없이 보인다. 감정에 덜 얽매이게 된다. 객관적이 되는 것만으로도 우리는 삶에 균형을 이룰 수 있다. 주관적으로 삶에 매몰되어 상처 입고 한 치 앞도 볼 수 없는 경우가 많기 때문이다. 외부 영향에 좌우되고 싶지 않다면 먼저 '관법'으로 자신을 객관적으로 보는 법을 익힌다. 이것은 편집력을 발휘하는 데도 필수적이다.

나를 객관적으로 파악할 수 있어야 문제해결력도 생긴다. 감정이 액셀러레이터라면, 이성은 감정을 통제하거나 조절하는 브레이크다. 감정과 이성이 알맞은 조화를 이루어야 한다. 주관적으로 나를 보는 것과 객관적으로 나를 보는 것은 완전 다르다. 방법론을 고민하는 것도 삶에 여백이 있어야 가능하다. 도끼날을 갈지 않고 나무질만 해대서는 안 되는 것이 우리 삶이다.

나폴레옹은 정권을 잡기까지 조제핀이라는 동행자가 있었다. 조제핀은 파리 주류 사회에 진입할 수 있는 빼어난 외모를 지녔다. 그녀는 혁명의 소용돌이 속에서 자신의 미모로 인맥을 구축하여 파리 사교계에 명성을 날린다. 나폴레옹과 결혼 후, 적극적으로 남편을 내조하게 된다.

당시 나폴레옹이 이탈리아 원정군의 사령관이 될 수 있었던 것도 모두 그녀 덕분이었다. 권력의 힘을 잘 알고 있던 조제핀은 나폴레옹의 쿠데타에도 큰 역할을 했으며, 나폴레옹이 집정정부의 수장이 되고 나서도 훌륭하게 내조했다. 나폴레옹과 함께 노트르담 대성당에서 대관식을 거행하고, 프랑스의 황후 자리에 오르게 된다.

식민지 출신의 이혼녀가 황후 자리에 오르기까지 얼마나 파란만장했을까. 오로지 한 방향만 보고 갔을 것이다. 조제핀은 보잘것없는 섬 출신인 나폴레옹의 대단한 자존감과 야망을 알아보았고, 그에 걸맞은 내조로 황제를 만들었다.

편집력은 한 분야에서 스페셜리스트로서 두각을 나타내게 한다. 그 두각은 스스로에게 동기부여를 해준다. 이것이 선순환 구조이다. 주변에서 인정하는 태도가 달라지면 자존감이 높아진다. 누구나 인정받고 싶어하지만 그것은 재능에 들인 시간만큼 가능하다. 대중은 탁월한 것에 찬사를 보낸다.

우리는 모든 것을 다 잘할 수는 없다. 그것은 욕심이다. 세상은 욕심으로 사는 것이 아니라 정직한 실력으로 살아가는데, 필살기를 갖추려면 시간이라는 조공을 바쳐야 한다. 그것은 편집력에서 나온다. 우선 자신의 강점부터 열중한다.

중요한 것은 나만의 강점 필살기다. 이것은 편집력을 발휘한 후 1만 시간의 조공을 들여야 결실을 볼 수 있다. 일단 하나에 집중하여 필살기부터 만든다. 자신의 강점에 들인 시간만큼 우리는 성장한다. 가장 나답게 하는 것이야말로 가장 남과 다르게 하는 법이다. 비로소 성공 확률이 높아지는 일이다. 우리는 가장 자기다울 때 독특할 수 있다. 그리고 특별해질 수 있다.

자기답다는 것은 스스로 강점을 알고 있다는 뜻이다. 강점이 무엇인지 발견하고 꾸준히 계발하는 것은 일생일업(一生一業)에 해당한다. 바쁘게만 산다고 해결되는 문제도 아니며 무작정 뛰거나 달리기만 해서는 현재 삶을 개선할 수 없다.

나를 모르면 모를수록 삶을 짐짝처럼 어깨에 지고 가게 된다. 중년에 이르면 무거운 짐이 훼방꾼이 된다. 삶이란 꿈 없이는 지독하게 팍팍한 여정이 되기 때문이다. 꿈이 있어야 발걸음도 가벼워진다. 마지막 한 걸음을 갈 때 나를 구원하는 것은 꿈이다. 현재가 바쁠수록 멈추어 서서 여백을 들여야 하는, 인생 R&D의 시간이기도 하다.

우리에게는 각자 달란트가 있고 그것을 갈고 닦을 때 다이아몬드가 될 수 있다. 즉, 세공의 과정을 거치느냐 거치지 않느냐 차이다. 세공의 과정을 생략하고 살아간다면 훗날 자아실현을 할 수 없다. 여백을 들여라. 그리고 다른 차원의 삶과 만나라.

삶의
모든 순간이
편집이다

삶이 살만한 것은 꿈을 꿀 수 있기 때문이다. 꿈을 이루려면 단기, 중기, 장기 목표를 세우면서 가야 한다. 다른 차원의 신나는 인생을 전개하기 위해서, 꿈을 설계한다는 것은 내가 누구인지 안다는 뜻이다. 내가 어떤 사람으로 살고 싶은지 안다는 의미이다.

'나는 누구인가?
어떻게 나를 세상에 발현하고 싶은가?'

이것이 자기혁명이고 편집력의 시초다. 편집력은 꿈의 범주에 들지 않는 것을 일차적으로 제외시킨다. 시간이든, 사람이든, 일이든 일차적으로 취사선택하게 만든다. 일상에서 최적의 편집력이 발휘된다.

편집력이 발휘되지 않으면 자칫 산만하게 에너지를 쓸 확률이 크다. 에너지의 낭비다. 바쁘지만 실속 없고 열심히 살지만 질서가 없다.

현재 의식에 자기혁명이 일어나면 그 시점부터 잠재의식까지 편집력이 발휘된다. 내가 어떤 사람으로 살고 싶은지 자기혁명으로부터 우리는 원하는 것을 꺼내 쓸 수 있다. 소망한다고 모든 것을 이룰 수 있는 것은 아니지만 하나로 정의 내리는 삶마저 규정하지 못한다면 어디로 흐르는지 알 수 없다.

차별화된 일을 찾아 그것을 탁월하게 계발하는 데 시간과 역량을 집중하라. 멀티로 모든 것을 다 잘할 수는 없다. 이 함정에서 빨리 빠져나와야 한다. 꿈꾸는 것은 좋지만 죽을 때까지 꿈만 꾸어서는 안 되는 것이다.

책과 인생은 비슷한 맥락이다. 하나의 주제, 결실을 향해 흘러야 한다. 모든 에피소드는 주제를 뒷받침하기 위한 것들이다. 우리는 서론을 보면 본론을 짐작할 수 있고 본론을 알면 결론을 상상할 수 있다. 인생의 본론이 뻔한 결론으로 되지 않으려면 지금, 여기에서 반전할 장치가 필요하다.

영국의 세계적인 요리가 제이미 올리버.

그의 요리는 열 살짜리도 따라 할 수 있을 만큼 단순하다. 지난 10여 년간 전 세계 100여 개 국이 넘는 나라에서 그의 요리 프로그램이 방영되었다. 그의 요리 프로그램을 보고 있으면, 요리를 하며 지내는 시간이 얼마나 즐거운 일인지 알 수 있다. 그의 요리책《제이미 올리버의 15분 요리》는 2,000만 부 이상 판매되었다. 영국의 출판물 중《해리포터》다음가는 기록이다.

그는 펍(pub)을 운영하는 집안에서 태어났는데, 여덟 살 되던 해부터 주말마다 주방에서 심부름을 했다. 요리사들의 음식 만드는 과정을 지켜보는 게 즐거움이었다. 그만큼 요리는 어린 시절부터 삶이었다. 하지만 난독증이 심해 책은커녕 학창시절 성적표는 C 아니면 F였다.

그에게 어느 날 기회가 온다. 런던의 맛집을 취재하던 BBC 다큐멘터리 팀이 촬영 당일 원래 출연하려던 요리사가 병이 나서 제이미 올리버를 대신 카메라 앞에 세운다. 방송이 나가자 요리가 재미있을 수 있다는 것에 대중은 열광했다. 자연스러움과 젊음이 녹아 있었기 때문이다.

20대 나이에 부와 명예를 얻었지만 안주하지 않고 지속적으로 인생의 방향을 재설정한다. 사회운동을 시작하여 불우한 십 대 15명을 식당으로 데려와 요리훈련을 시킨다. 욕을 입에 달고 살던 아이들에게 희망, 미래, 꿈이라는 단어들이 쏟아지게 만든다. 불우한 청년의 인생 역전이라는 동화 같은 스토리 때문에 식당은 스포트라이트를 받는다.

'제이미의 스쿨 디너'라는 캠페인을 벌여 정크푸드 대신 건강한 음식을 먹자는 운동도 벌인다. 런던의 학교 60곳에 유기농 식단을 제공해주겠다는 약속을 하고 매일 2만 명 이상 아이들에게 밥상을 바꿔준다. 또한 '제이미 올리버의 음식혁명'이라는 캠페인을 벌여 신선한 재료로 음식 만들어 먹는 방법을 소개하기도 한다.

그는 새로운 브랜드를 만들 때마다 스토리를 입혔고, 명분을 만들어냈다. 콘셉트를 요리에 녹여냈는데, '요리'라는 아이템 하나로 아이디어를 무궁무진하게 확대해나갔다. 영국 아이들, 영국의 미래를 걱정하는 건강에 대한 콘셉트는 많은 사람들의 공감을 얻어냈다. 단순한 스타 요리사가 아니라 영향력을 가진 사회운동가로 자리매김했던 것이다.

삶의 모든 순간은 편집이다. 제이미 올리버는 어린 시절부터 요리에 관심을 갖고 편집력을 발휘했기 때문에 끊임없는 아이디어가 나올 수 있었다. 집중하지 않으면 아이디어는 나오지 않는다. 시간을 들인 만큼 우리는 자신의 일에서 영향력을 확대할 수 있다. 집중과 몰입은 시간과 더불어 빛을 발하게 해준다.

비효율적인 시간이 많다는 것은 편집력을 발휘하지 않은 경우다. 한 번이라도 1인 기업가 마인드로 살아본 사람은 안다. 주체로 일하는 것과 타자로 일하는 것이 천지 차이라는 것을.

1인 기업가로 일하는 사람은 모든 사람이 고객이라는 개념을 갖고 있다. 보여주기로 일하지 않는다. 스스로 만족도를 높이기 위해 일한다.

종의 의식과 주인의 의식은 다르다. 종의 의식은 보여주기에 급급하다. 그런 의식으로는 발전하기 어렵다. 순간은 모면할지 몰라도 더 이상 발전은 없다. 주인의식은 처음에는 힘들지 몰라도 습관화되면 자연스러워진다. 의식의 차원이 달라지는 것이다. 주인의식을 가지면 모든 것이 주인의식으로 편집된다. 의식의 차원이나 관점이 달라지는 것이다.

종의 의식으로 살 것인가, 주인의식으로 살 것인가.

주인의식은 꿈이 있어야 하고 삶의 콘셉트가 있어야 하며 1인 기업가 정신이 있어야 가능하다. 이것의 있고 없음에 따라 행로가 달라진다. 주인의식은 외로운 길이다. 스스로 시간에 대한 주인이 되어야 하기 때문에 늘상 깨어있어야 한다. 주인의식은 자유로운 영혼이라고 할 수 있다. 주체적으로 일하기 때문이다.

종의 의식은 시간을 때우거나 마감을 못 지키는 비효율적인 경우에 해당한다. 자기혁명 없이는 종의 의식으로 살 수밖에 없다. 생계로 사는 사람과 꿈으로 사는 사람의 차원은 이렇게 달라진다. 시간의 질도 다를 수밖에 없다.

주인의식은 필요하다면 스스로 마감 시간을 만들고 그것을 지키고 품질에서도 완성도를 높인다.

평생 주인의식에 대해 모르는 경우도 있다. 이것은 내가 오늘 아메리카노를 먹을 것인가, 카라멜 마끼야또를 먹을 것인가의 선택에 대한 것이 아니다. 다른 차원의 선택에 대한 이야기다. 태어난 의미의 선택에 관한 것이다.

'내가 세상에 태어난 이유가 뭘까?'

이러한 물음에 관한 선택이다. 시간의 주인에 대한 이야기다. 그것은 분명한 자기혁명이 이루어진 시점부터다. 자기혁명의 시점은 모두 개인차가 있다. 자신만의 속도로 가면 된다. 다만 소모되는 시간이 아니라 투자되는 시간이어야 할 것이다.

세상으로부터 인정받을 수 있는 것이 있다면 자존감은 올라간다. 자존감은 장인정신으로부터 빚어낸 그 무엇이다. 세월의 수고로 빚어낸 것들이다.

당신은 지금 어떤 차원의 시간을 살고 있는가.

제2장

편집자의
눈으로
세상을 보라

(서론)

모든
인생은
리뉴얼
될 수 있다

모든 인생은 리뉴얼될 수 있다. 리뉴얼될 수 없다면 그야말로 불행할 것이다. 새 판을 짤 수 있다는 것은 얼마나 다행인가. 하지만 환경 탓이라고 했던 지난날을 등지고 성찰을 통한 새로운 관점이 있어야만 가능한 것이 새 판이다. 우리는 안목만큼 새 판을 짤 수 있다.

먼저 영혼지수를 높인 다음에야 관점이 달라진다. 의식의 차원이 변하지 않는다면 아무리 마음먹어도 현실은 달라지지 않는다. 새로운 철학으로 무장하지 않는다면 무언가를 시작은 하지만 작심삼일로 끝나는 이유다. 의식 차원이 그대로이기 때문이다. 지금까지와는 다른 철학이 있어야 새로운 관점도 가능하다. 그리고 그것과 관련된 편집력을 발휘할 수 있다.

나는 일상을 통해 사람에 대해서, 일에 대해서, 관계에 대해, 상황에 대해, 사건에 대해서…… 편집력을 발휘한다. 이러한 편집의 습관으로 결단이 빠르다고 볼 수 있다. 행동은 별개겠지만 결단만큼은 시간을 끌지 않으려고 한다. 일단 Yes와 No가 분명하다.

남들보다 시간 효율이 높은 단 한 가지 비결이 있다면 바로 이러한 편집력 때문이다. 터득된 삭제와 추가를 빠르게 할 수 있다는 점이다. 이것 역시 내 안목만큼일 것이다. 살아가는 동안 영혼지수를 높이지 않는다면 딱 그만큼만 판단한다. 내가 지금도 끊임없이 학습하는 이유는 안목만큼만 판단한다고 믿기 때문이다.

모든 인생은 리뉴얼될 수 있다. 이것은 정서적인 부분보다 정신적인 부분이 더 크다. 기분으로 새로운 관점을 차용하는 것이 아니라 생존하기 위해 새로운 관점을 차용해야 한다. 인생 2막이든, 3막이든 우리는 '그렇게 살지 않으면 죽을 것' 같을 때 삶이 바뀐다. 0순위와 1순위, 2순위를 구분할 수 있어야 한다.

박총은 〈복음과 상황〉의 편집장이다. 수유리 북한산 자락에서 총 6명의 식구가 197만 원으로 다복하게 살아간다. 2002년 한국을 떠나 캐나다에서 살다가 2011년 거의 10년 만에 아이 넷을 낳고 돌아왔다. 여섯 식구가 한국에 들어온다고 하니 가족과 지인들이 놀랐다.

그가 보기에 한국은 '벌고 쓰고 버리는' 소비문화의 악순환에 젖어 있는 것처럼 보였다. 그래서 신약성서 사도행전 13장 36절에 나오는 '다윗이 그 자신의 세대에 하나님의 목적을 섬겼다'라는 구절에 주목한다.

다윗이 하나님의 목적을 섬겼다면 오늘날 우리 세대에 섬겨야 할 하나님의 목적은 무엇일까 고민한다. 그래서 신약성서의 '맘몬'으로 표현되는 물신숭배를 극복하고 살아가는 것이야말로 하나님의 뜻이라는 결론을 내린다.

그는 197만 원으로 여섯 식구가 살아가는 것으로 진리 실험을 시도하는데, 자연생태적 삶의 실천 방식이다. 그의 집에는 끊어지지 않는 것이 꽃, 음악, 손님이다. 베란다 화분에 있는 꽃이든, 동네 길가에서 꺾어 물잔에 꽂아둔 꽃이든 집에는 늘 꽃향기가 그치지 않는다. 다음으로 '음악'이다. 거저 얻은 싸구려 스피커에서 나오는 선율이지만 늘 음악이 집안을 가득 채운다. 그리고 '손님'이다. 꾸준히 손님을 불러 함께 먹고 마시는 교제를 나눈다.

수치상으로는 가난하지만 실제로는 풍요롭게 살아간다. 꽃향기가 있고, 음악이 흐르고, 손님과 함께하는 식탁에서 웃음이 이어진다. 〈복음과 상황〉의 편집장으로 일하며 150만 원가량 받는데, 기독교계에서 가장 훌륭한 잡지를 만든다는 자부심이 가득하다. 가끔 설교나 강의 등 출연료로 받는 50만 원 정도를 합하면 매달 200만 원의 벌이다.

적지만 부모님께 용돈도 드리고, 어려운 친구들도 돕고, 뜻깊은 단체에 기부하면서 진정한 참부자의 삶을 산다. 가난하지만 하고 싶은 것을 한다. 음악과 사진을 좋아해 값나가는 악기와 카메라를 장만하여 쓰고, 수입으로 상상도 할 수 없는 여행도 다닌다.

캐나다 생활을 청산하고 한국에 들어올 때 통장 잔고가 있어 가족과 함께 싸구려 중고차를 몰고 두 달 넘게 북미 곳곳을 돌아다녔다. 쿠바에 가서 하바나의 옛 거리를 걷기도 하고, 모로코에서 낙타 타며 사하라 사막에서 잠도 자는 등 지구촌 곳곳을 누볐다. 덜 벌어 덜 쓰자는 삶의 관점 때문에 다양한 삶의 가능성을 열어두고 산다. 남들과 다른 우선순위를 갖고 있기 때문에 삶에도 다른 편집력을 발휘한다. 덜 벌고 덜 쓰는 심플 라이프가 최고로 의로운 삶이라는 것이 그의 관점이다.

우리는 삶의 다양성을 인정하지 않는다면 천편일률적인 삶이 된다. 자신이 머무는 세계가 물질적인 세계인가, 정서적인 세계인가, 정신적인 세계인가 하는 범주 정도는 알고 살아야 한다.

비겁한 삶은 쫓기듯 사는 삶이고 용기 있는 삶은 먼저 선택하는 삶이다. 내몰리듯 살지 말고 선택하는 삶을 살아야 하는데, 대부분 삶에 채인 뒤에야 자신이 어떤 사람인지 알게 된다.

먼저 자신의 기질을 알고 삶을 선택한 것이 아니라 내몰리듯 삶을 산다. 이렇게 내가 먼저 삶을 편집하지 않으면 삶에 편집 당하게 된다. 환경을 선택하지 않으면 역으로 환경에 지배당하는 것이다.

자신이 어디에 서 있는지조차 모른다면 스스로 어떤 꽃인지도 모른다. 그렇다면 어떤 꽃을 피울지도 모른다는 이야기가 된다. 얼마나 슬픈 이야기인가. 몰라서 못 하는 것이다. 그래서 자아탐구는 중요하고 자아소통이 된 후에야 자기혁명을 할 수 있다. 자신이 누구인지 알아야 꽃도 피울 수 있는 것이다.

살아가는 방법은 다양하다. 답이 하나인 세상은 너도나도 불편하기 때문에 세상에는 개성대로 사는 사람이 더 많아져야 한다. 그리고 그런 사람들을 응원해주는 문화도 필요하다. 같은 방식으로 줄 세우는 삶은 지루하다. 개성 있는 삶이란 세상에 편집 당하는 삶이 아니라 나름대로 환경을 편집하면서 살아가는 삶을 말한다.

인생 역시 현재 상황을 어떻게 바라보느냐가 편집력에 지대한 영향을 미친다. 아무런 깨달음 없이 상황을 바라본다면 달라질 것이 없다. 의식의 차원이 달라지지 않는다면 절대로 마음먹는다고 될 일이 아니다. 생각이 바뀌는 것 이상 멘탈이 관리되어야 한다.

많은 사람들이 수없이 새해에 마음먹지만 안 되는 것은 정서의 문제가 아니라 정신력의 문제이다. 진정 변화를 원한다면 다른 의식 차원으로 바뀌어야 한다. 그래야 새로운 관점도 가질 수 있다.

내가 나다우려면 어느 것을 더 강화하여 나가야 할까?

최근 성공한 경험이 있다면 그것을 지속적으로 횟수를 늘려간다. 리듬을 탄다. 인정받는 분야를 집중 공략하는 것이다. 적어도 100번이라는 물리적인 경험을 해나간다. 거기까지는 편집력이 발휘되어야 한다. 계속하여 성공하라. 1년이든, 3년이든 100번을 채워 성공해나가라.

시간과의 합을 이루는 방법은 리듬을 타는 일이다. 100번이라는 숫자를 통해 당신은 한 분야에서 장인정신을 발휘할 수 있다. 그러므로 모든 인생은 리뉴얼이 된다.

편집은 주마가편(走馬加鞭)을 포함한다. 달리는 말에 채찍을 가하라.

재해석만
달리해도
길이
달라진다

재해석(재관점)만 달리 해도 길은 달라진다. 한 때 재해석이 트렌드였던 때가 있었다. 지금까지와는 다른 관점에서 생각 해보자는 의미다. 특히 역사물에서 재해석은 효과적이다. 어차피 팩트는 정해져 있지만 거기에 어떤 관점을 들이대느냐에 따라 작품의 해석은 달라진다.

예를 들어 영조, 사도세자, 혜경궁 홍씨, 정조의 입장을 어떻게 볼 것이냐에 따라 작품은 달라진다. 정통성 확보라는 영조의 입장, 비운의 죽음을 맞이한 사도세자의 힘없는 입장, 남편을 보내고 아들을 통해 자신의 한을 풀어보고자 했던 혜경궁 홍씨의 입장, 노론과의 치열한 세력 싸움에서 절치부심했던 정조의 입장 등에 따라 재해석은 달라진다.

여기에 옳은 것은 없다. 다만 어떤 관점으로 재해석을 하느냐만 있을 뿐이다. 인생도 그러하다. 어떻게 해석하느냐에 따라 자존감이 살거나 상처 입거나 한다. 긍정을 보느냐, 부정을 보느냐에 따라 결과가 달라진다는 것이다. 더 깊이 있는 삶을 원한다면, 재해석을 통하여 자존감을 회복할 수 있다.

예를 들어 멀티플레이 기질이라면 동시다발적으로 산만할 수 있다는 관점을 지닌다. 하지만 대신 우선순위를 잘 정하면 여러 가지를 잘할 수 있다는 관점도 지닌다. 만약 결실 없는 멀티플레이 기질이라면 전자에 해당할 것이고 우선순위를 잘 정한 기질이라면 후자에 해당할 것이다. 어떻게 해석하느냐에 따라 관점은 판이하게 달라진다.

사람이 생계를 위해 종사하는 직업 수는 대략 30만 종에 가깝다. 불안의 시대에 표류하는 것은 중년 이후다. 젊은 시절에는 어떻게든 직장이라는 곳을 다닌다. 하지만 그게 언제까지일지 20대로서는 알 수 없다. 40대가 되어서야 비로소 직장의 끝이 어디까지인지 가늠하게 된다. 그래서 자영업에 도전하거나 1인 기업가가 되거나 재취업 일선에 선다. 은퇴를 당하거나 은퇴 시기를 조절하게 된다.

　나는 20대에 여의도에서 잡지를 만들었고 40대에도 여의도에서 잡지를 만든다. 편집장으로서의 역할은 같지만 20대에는 조직의 일부로서 역할이고 지금은 프리랜서로서의 역할이다. 업은 같지만 25년 이상 세월이 흘렀기 때문에 내공은 다른 것이다. 이것은 나를 발견하고 도전하고 탈출하기를 수십 번 번복하면서 온 길이다.

　나는 무엇이 되려고 한 적은 없는 것 같다. 다만 추구하는 방향으로 계속 걸어왔다. 세월 속에 완전 다른 편집자가 되어 있다. 책과 함께 살아왔으니 그만큼 여러 세계가 녹아들었을 것이다. 가끔 '다른 길도 있었을까?'를 생각한다. 일시적으로 방황은 했지만 계속 좋아하는 길로 흘렀기에 인생이 전반적으로 표류하지 않았다. 아니 표류할 수 없었다. 눈 뜨면 할 일이 있었고, 꿈꾸기를 게을리하지 않았기 때문이다. 세상이라는 바다에서 덜 표류했던 것은 나아갈 방향이 있었기 때문이다. 출발한 항구가 어디이며 지금 어디쯤 가고 있는지를 안 것이다. 불안의 시대일수록 자신이 어디에 서 있는지 좌표부터 정리되어야 할 것이다.

　명함은 이름과 직책, 소속, 지위 등을 적은 종이다. 요즘 가정주부들도 명함을 갖고 다닌다. 농민들 사이에서도 명함 갖기 운동이 한때 전개되었다. 반면 명예 퇴직자들은 직함이 없어 명함을 찍지 못한다고 한다. 하지만 이럴 때 발상을 달리 한다면 전직을 밝힌다 해도 이의 제기할 사람은 없다. 또한 이름과 캐릭터를 적어도 괜찮다. 프로필을 풀거나 꿈과 가치관을 쓰는 것도 괜찮다.

나이 들수록 자신의 스토리를 당당하게 밝히는 것도 용기다. 은퇴시기를 스스로 결정하는 사람이라면 이러한 명함 만들기가 필수다. 지난 자리에 연연하지 않고 '자연인 나'를 어떻게 표현할까 생각한다면 아이디어가 떠오를 것이다. 스펙을 녹여 스토리로 만드는데, 하나의 스토리로도 자신을 표현할 수 있다.

명함에서 우리는 남다른 경험, 되고 싶은 사람, 하고 싶은 일 등을 적을 수 있다. 세상의 수많은 문구 중에서 가장 원하는 문장을 만들어 자유로운 영혼의 나를 강렬하게 표현해본다. 한 번쯤 명함을 만들어본다면 자신이 어떤 사람인지 알 수 있다. 조직이 부여한 명함이 아닌 1인 기업가로서의 명함 말이다. 그래야 종의 의식이 아닌 주인의식이 생긴다. 명함 만들기로부터 정체성이 찾아진다. 명함은 곧 자기혁명의 표현이다. 우리는 직업에서의 노하우를 풀면 어느 분야에서든 1인 기업가라 할 수 있다. 이런 명함은 종의 의식으로는 만들 수 없다. 스스로 주체가 되어 만드는 명함이야말로 주인의식을 반영한다.

아래는 내가 아는, 소설을 쓰는 김만성 작가의 프로필이다. 현재는 증권회사의 지점장이다. 하지만 인생 2막에는 소설가를 꿈꾼다. 언젠가 좋은 경제소설을 쓰려는 꿈을 갖고 있다. 그래서 틈만 나면 작품 활동을 하고 있다. 숫자를 다루는 좌뇌에 집중하면서도 감성을 필요로 하는 소설가로 후반부 인생을 살아가고자 하기 때문이다. 그의 프로필에서 인생 재해석을 엿본다.

'신문방송학을 전공하고 다큐멘터리 PD가 되고 싶었으나 꿈과는 달리 금융회사의 PB가 되었다. 자본주의사회에서 경제적 자립을 꿈꾸는 사람들의 도우미로서, 투자자교육협의회 전담강사로서, 대중과 학생들에게 재무설계와 인생설계를 연계하는 쉬운 투자를 사명감으로 전파하고 있다. 어려운 경제분야를 스토리로 풀어내려는 생각으로 [스토리가 있는 투자이야기]라는 블로그를 운영하고 있다. 투자현장의 다양한 사람들의 이야기를 엮어 라디오 방송에 출연하고, 근로자문화예술제에서 투자시장의 애환을 담은 소설 [서킷브레이커]로 금상을 수상했다. 앞으로도 소시민에게 좋은 투자, 행복한 투자를 전파하기를 소망하고 [스토리가 있는 투자이야기]를 꾸준하게 전파하기 위해 칼럼과 에세이, 소설을 쓰고 있다.'

그는 젊은 시절, 생계 때문에 금융권에 들어섰지만 인생 후반부를 위해 다시 글을 쓴다. 그래서 여러 번 상을 받기도 했다. 지점장이라는 유효기간의 직업을 알고 스스로를 배팅할 순간을 염두에 두고 있다. 인생 어느 순간에는 스스로를 걸어야 할 때가 온다. 그때 가장 나답게, 원하는 모습으로 승부할 수 있어야 한다. 세상에는 그러한 승부수를 한 번도 해보지 못한 사람도 많다. 자신이 어떤 사람인지 몰라 세상에 나를 표현할 수 없기 때문이다. 불행한 일이다.

'최근 최고라고 칭찬을 받은 분야가 있는가?'

자신의 자존감을 높여줬던 일을 찾는다. 그것으로부터 미래를 설계할 수 있다. 꼬리에 꼬리를 물듯 다음 장이 기대되어야 설레는 인생이 된다. 항상 스스로 주인 되는 권리를 포기하지 않아야 하는데, 주인 되기를 포기하는 순간 세상에 편집 당하게 된다.

어느 시간, 공간에서건 주체인 것을 포기하지 마라. 주체는 먼저 생각하고 먼저 움직이는 사람이다. 1인 기업가 정신을 가진 사람은 전체를 보며 프로의식으로 일한다. 누가 시키지 않아도 스스로 완성도에 주목한다. 끊임없는 R&D를 해나간다.

잘 늙는다는 것은 '내가 원하는 모양새'로 늙는 일을 말한다. 얼굴에는 끔찍하게도 삶의 일부가 드러난다. 그것은 저절로 읽혀진다. 감추고 싶어도 드러난다. 누구나 꿈을 간직한 모양새로 나이 들고 싶다. 생계보다는 문화로, 현실보다는 이상으로 나이 들고 싶다.

삶은 재해석만 달리 해도 달라진다. 전문서적이나 좋은 강의는 영감의 재해석을 도울 것이다. 멘토는 아니어도 촉매제로 작용할 수 있다. 창의는 모방에서 나오는 법, 우리는 각자 정보의 통로로부터 재해석을 대입해볼 수 있다. 당신 인생 리뉴얼에는 어떤 재해석이 필요한가.

명상으로부터 답을 구할 수 있다.

편집력의
모든
시작과 끝에
'자아'가
있다

무엇을 이룰까보다 나는 어떤 사람인가가 더 중요하다. 이것을 모른다면 정작 소중한 에너지를 제대로 쓰지 못한다. 에너지 낮은 사람이 에너지 높은 사람을 흉내 내면 좌절을 경험하게 된다. 외부적인 것보다 내부적인 것에 눈 돌려 스스로 자신을 알고 나아가야 한다. 내가 어떤 사람인지 알아야 강점도 활용할 수 있다.

자아탐구→자아발견→강점혁명→100번의 선순환→스페셜리스트

'스페셜리스트'라는 말은 존재감을 말한다. 말에 설득력이 실리는 존재로서의 위치다. 어떤 것을 이루어나갈 때 우리는 '말의 힘'을 경험하는데 이것은 곧 전문가의 위력이기도 하다. 전문가라는 것은 강점에 들인 시간만큼 인정받는다.

우리는 결과를 먼저 생각하기 때문에 마음이 급하다. 시간이라는 조공을 들이기 전에 결과부터 계산한다. 결과부터 계산하면서 정작 달란트에 대하여 까막눈이다. 각자 달란트가 다르다는 생각을 조금만 하더라도 유리한 출발선에 설 수 있다. 자아실현의 확률이 더 높을 것이다. 무엇을 이룰까 역시 쉽게 결론이 나온다.

하지만 '나'라는 존재는 깡그리 잊고 무엇을 이룰까만 초점 맞출 경우 진실한 자아에 도달하지 못한다. 진짜 욕망이 아니라 가짜 욕망인 경우

가 많기 때문이다. 무엇을 이룰까는 자신과 맞지 않는 길일 수 있다. 외부적인 욕망일 가능성이 높다.

인생 여정은 자아 찾기 과정이다. 좀 더 참자아에 가까워지기 위함이다. 자신을 발견할수록, 그것을 계발할수록 자신이 원하는 모습과 가까워진다. 우리의 욕망은 타인과 닮아가는 것이 아니라, 타인과 다름을 구분하는 일이다. 외부적인 욕망을 찾는 것이 아니라 내부적인 욕망부터 발견한다.

편집력의 모든 시작과 끝에 '자아'가 있다. 자아소통을 완벽하게 이루어야만 편집력의 진가도 확실하게 발휘된다. 자신의 욕망에 솔직해져라.

나는 어떤 사람인가?

수시로 질문하고 답하는 가운데 진짜 내부 욕망에 도달할 수 있다.

결과 중심으로 '나는 무엇을 이룰까?'에 집중한다면 과정 중심의 '나는 어떤 사람인가?'는 생략된다. 내가 어떤 사람인지 모르고서야 나를 꺼내 쓸 수 없다. 내가 어떤 사람인지를 드러내는 것이 바로 편집 과정이다. 나에 대한 편집력은 참자아에 관한 것이다. 꼬리에 꼬리를 물고 나오는 자아에 관한 것이다. 결국 내 안에 있는 것을 끄집어내는 작업이다.

즉 없는 것을 만들어내는 것이 아니라 있는 것을 발견하여 계발하는 일이다. 보석을 연마하여 나다운 모습을 세상에 펼치는 일이다. 나는 아주 소중한 존재이다. 그러므로 다른 누군가가 되려 하기보다 내 안의 참자아를 끄집어 계발하면 된다. 그것이 세상에서 타인과 경쟁하지 않고 나를 구분하는 방법이다.

헤지펀드 매니저에서 비영리단체 운영자로 변신한 샘 포크가 있다. 그는 800만 달러(85억 원)의 보너스를 포기하고 월가를 떠났다. 월가를 박차고 나가게 된 과정을 인터내셔널 뉴욕타임스(INYT) 기고문에 담았는데 〈나는 돈을 사랑했다(For the Love of Money)〉라는 글이다.

"어린 시절, 아버지로부터 '돈이 모든 문제를 해결해 줄 수 있다'고 배웠기에 부자를 꿈꿨다. 아이비리그 명문인 컬럼비아 대학을 졸업하고 미국 최대 규모 은행인 뱅크 오브 아메리카에 입성했다. 트레이너로 일하면서 첫해 보너스로 4만 달러를 받고 20대 중반에 월세 6,000달러짜리 아파트에서 살았다. 2년 차에는 받은 보너스만 150만 달러가 되었다.

헤지펀드 매니저로 자리를 옮겨 승승장구하던 나는 돈을 아무리 많이 벌어도 충분하지 않았다. 서서히 돈에 중독되어 가는 나에게 회의가 들었다. 2008년 글로벌 금융위기가 발생했고, 이후 월가는 금융개혁을 요구하는 여론으로부터 따가운 시선을 받는다. 회사는 계약 연장 조건으로 800만 달러를 내걸지만 나는 '돈에 중독됐다'는 사실을 깨닫고 월가를 떠났다."

홀로서기 하기까지는 3년이 걸렸다. 지금은 로스앤젤레스에서 '그로서리십스(Groceryships)'라는 비영리단체를 운영하는데, 돈을 기부받아 빈곤층에게 먹거리를 무료로 제공하는 일이다. 그들이 건강한 삶을 살 수 있도록 돕는 단체다. 그는 식료품 장학재단(scholarships for groceries)의 일을 하면서 월가에서 일할 때보다 훨씬 행복하다고 한다.

자아와의 소통이란 이런 삶이다. 대부분 현실에 묻혀 내면의 소리는 듣지 않는다. 속도에 치여 하루를 살아내기조차 버겁다. 하지만 이럴 때일수록 어디로 향하는지 알고 살아야 세상에 편집 당하지 않는다. 스스로 주체가 되어 삶을 편집해야 하는 것이다.

샘 포크 역시 가장 치열한 월가에서의 삶과 비영리단체에서의 삶을 살면서 어느 쪽이 더 세로토닌이 나오는 삶인지 찾았을 것이다. 우리는 삶에서 이러한 선택권을 놓치지 말아야 한다. 자유롭게 라이프스타일을 선택할 수 있어야 하는 것이다.

반 고흐는 목사의 아들이었다. 점원 생활도, 전도사 생활도 했다. 스물일곱 살에 화가의 길로 들어섰다. 1888년 아를에 있을 때 친구 고갱을 불러 '노란 집'에서 두 달간 함께 지냈는데, 이 무렵 고흐가 그린 역작이 '해바라기'이다. 이 해바라기 그림들은 고흐가 9년 동안에 그린 879점의 그림 가운데 열 점이다.

'나에게는 해바라기가 있다'는 고흐의 말은 하늘의 태양과 빛 속에 있는 노란색을 꽃에 옮겨놓은 일이었다. 노란색은 자유와 소망을 상징한다. 해바라기 밭은 드넓은 평원에 노란 물결을 이루는데, 이것은 열정이다. 삶에 한 번쯤 열정을 부려야 하는 것은 그렇게 하지 않으면 후회가 남기 때문이다. 고흐 역시 뜨겁게 살다 갔다. 고흐의 해바라기를 보면 꿈틀거리는 생명력을 느낄 수 있다.

자신의 생을 무엇으로 표현할 것인가. 누군가는 그림이고, 누군가는 음악이며, 누군가는 글이고, 누군가는 신앙이고, 누군가는 숫자일 것이다. 가장 자신답게 표현할 수 있는 그 무엇을 찾아야 인생이 누적된다. 흘러가는 인생이 되어서는 곤란하다. 그렇지 않아도 세상은 반짝거리며 유혹하기를 멈추지 않는다. 반도 땅에 사는 이상, 자기중심을 잡는 일이 중요하다.

삶의 자잘한 유혹들로부터 비껴가며 자신을 갈고 닦은 사람만이 꿈꾸는 인생을 살 수 있다. 편집력은 평범이라는 것을 넘어서는 힘을 말한다. 온갖 유혹을 뿌리치면서 하나의 것에 집중하는 정신이다. 한 분야에서도 부익부 빈익빈 현상이 벌어진다.

부익부(富益富) 인생은 주변에 선한 영향력을 끼친다. 자신의 삶을 통제하는 것은 물론 주변 삶까지 짊어진다. 선한 영향력인 것이다.

오늘은
끊임없는
편집의
결과다

시오노 나나미는 저서 《남자들에게》에서 남자 나이 사십은 인생에서 대단히 중요하다고 말한다. 고교를 졸업하고 삼십 년 지나 첫 동창회를 열었었는데, 당시 졸업한 고교는 동경대학 입학률 또한 당대 최고의 명문이었고, 고등학교 친구들이 거의 대학동창일 정도였다.

수재 학교였으니 졸업생들의 근무처도 관청, 유명대학, 대기업이 즐비했으며 동창들은 각계각층의 유명인사가 되어 있는 듯했다. 삼십 년이나 만나지 않았으니, 이름만 들어서는 생각나지 않는 동창들이 많았다. 동창생 명부만으로 그들의 삼십 년 인생을 안다는 것도 우스운 일이었다. 대기업에 근무한다곤 하지만 별 볼 일 없는 회사원도 있을 것이고, 사회적으로는 높은 평가를 얻지 못하더라도 활기찬 인생을 보내고 있는 사람도 있을 것이라고 생각했다.

하지만 정작 중요한 것은 곳곳의 공백이었다. 무엇을 의미하는 것일까. 시오노 나나미는 생각했다. 한 클래스 오십 명 중에 평균 20퍼센트 정도가 '사망'으로 되어 있었다. 겨우 오십에 들어선 나이다. 학창시절 공부 잘하고 부모의 기대를 한 몸에 받으며 같은 조건으로 살았던 스마트한 남자들의 삼십 년 후, 동창생 명부 뒤에 숨은 행과 불행은 얼마나 될까 싶었다.

시오노 나나미는 '사십에 들어선 남자가 혹시 불행하다고 느낀다면 그것은 자신이 의도한 것이 사십에 들어서도 실현되지 못했기 때문'이라는 결론을 짓는다. 자신이 하고 싶다고 생각한 것을 만족하게 해낼 조건을 갖춘 사람이라면 세상이 어떤 평가를 하든 행복한 남자라는 이야기다. 하지만 이런 조건을 갖지 못한 사십 대 남자는 불행하다는 이야기일 수도 있다.

지적인 직업인에 이러한 불행한 남자가 많은 것은 자신의 의사로 직장을 선택했다는 자부심 때문에 이러한 불행을 재촉한다는 점이다. 사십 대에 사회적으로 성공했다는 스스로의 자존감을 갖추지 못한 남자가 오십, 육십이 되면 희망을 가질 수 있느냐 하면 그건 그렇지 못하다. 사십에 자기 희망을 이루지 못한 남자는 대부분 그 상태인 채로 일생을 보내게 된다는 것이다.

반대로 사십 대에 그것을 이룬 남자는 오십, 육십이 되어도 그 가속력을 밀고나갈 수 있다. 그래서 행복한 남자와 불행한 남자의 차이가 점점 벌어진다.

누구나 하루아침에 자신이 원하는 사십 대를 맞이하지 못한다. 삼십 대를 어떻게 보냈는지에 따라 달라지는데, 자신이 무엇을 원하고 있는지를 적어도 삼십 대에는 결정해야 한다.

삼십 대에서 사십으로 넘어오는 시간이 물리적으로 10년~20년 정도라면 우리가 편집력을 발휘해야 하는 이유가 더 명확해진다. 삼십 대와 사십 대라는 시간 구분 때문이다. 물리적으로 시간은 한계가 주어진다. 에너지 역시 한계가 있다. 낭비하지 않아야 하는 것이다.

자신이 무엇을 원하는지 삼십 대에 반드시 뜻을 세워야 키워드에 따른 콘셉트가 만들어진다. 그래야 잘 사는 인생이 된다. 흘러가는 인생이 아니라 축적되는 인생이 된다. 사십 대에 인생을 마음대로 통제하지 못한 사람이 오십이나 육십에 그 뜻을 실현하기란 점점 어려워지기 때문이다.

누구나 자신만의 키워드가 있다. 그 키워드에 매달려 인생을 걸기도 한다. 가장 자기답게 사는 것을 키워드로 선택하면 좋다. 대부분 하나의 키워드는 인생을 걸만한 것이다. 나에게도 하나의 키워드가 있다. '자아실현'이라는 키워드다. 내가 자아실현한 것을 바탕으로 타인의 자아실현을 돕는 일이다. 내가 쓰는 모든 책이나 강의는 자아실현에 관한 것들이다.

내가 저술한 책들이 각기 다른 제목으로 표현되었지만 관통하는 키워드는 자아실현이다. 《적자생존》, 《내면지능》, 《나만의 스토리로 승부하라》, 《더 늦기 전에 더 잃기 전에》 등 모두 자아실현에 관한 것들이다. 세상에 어떻게 자아를 펼칠까 하는 것들에 대해서다. 내가 해왔던 과정에서 알았던 느낌표나 깨달음을 세세하게 구분하여 말할 뿐이다.

인생은 소명을 알고 가는 과정이다. 나 역시 종교인은 아니지만 평생 책을 읽고 살아온 사람으로서 인생에 대한 예의라는 맥락과 통할 것이다. 우리가 인생의 완성도를 높여가는 것은 하나의 키워드를 통해서다. 키워드를 정하고 나면 편집력이 발휘되기 때문에 점점 진화하게 된다.

하나의 키워드로 자신을 말할 수 없다면 그것은 욕심 많은 인생이다. 짧은 인생은 어느 사이 훅 간다. 한 분야라고 하여 간단한 것은 아니다. 한 분야에도 소우주가 있다. 개인에게 소우주가 있듯이 한 분야 최고는 모든 것들과 맥락이 닿는다. 그런 만큼 깊이에서 결코 소홀할 수 없다. 장인정신을 가져야 한 분야의 고수가 된다.

당신을 특별하게 만들려면 우선 인생의 키워드부터 선택한다. 거기에 따라 하위개념의 편집력이 발휘된다. 많은 짐을 지고 인생길을 갈 수 없다. 나를 특별하게 만드는 것은 몇 개의 키워드다. 이러한 깨달음을 얻기 전에는 새 판을 짤 수 없다. 원하는 삶에 가깝게 가기 위해서는, 자신이 하고 싶다고 생각한 것을 만족하게 해낼 조건을 갖출 수 있는 나만의 키워드부터 추린다.

삶에서 새 판을 짜야 편집력을 발휘할 수 있다. 오늘의 나는 어제의 나와 같게 보이지만 완전 다른 나로 탈바꿈할 수 있다. 우리의 세포가 탈바꿈하듯이 의식의 차원을 달리 가져가면 오늘은 새날이다.

나는 일신우일신(日新又日新)이라는 말을 좋아한다. 항상 새롭게 물길을 퍼 올리는 것을 뜻한다. 어떤 것을 편집하느냐에 따라 하루가 달라진다. 하나의 책에는 각기 다른 편집이 있다. 서점의 잡지 코너에 가보면 알 수 있다. 매월 나오는 몇십 개 잡지는 모두 각기 다른 편집이다. 매달 새롭게 편집된다. 매달, 매 꼭지가 새롭다. 새로운 판이라는 것은 버릴 것과 취할 것이 명확하게 구분되어야 편집이 쉬워진다.

편집력은 몰입해야 할 곳에 자신을 걸고 그 안에서 응집력을 발휘할 수 있도록 돕는다. 이것저것 산만해서는 깊이에 도달할 수 없다. 하나의 방향으로 에너지를 모으는 일 역시 편집력에 대한 감을 잡은 후부터다.

우리는 무한정 시간을 쓸 수 있는 삶을 살고 있지 않다. 우리에게 주어진 시간은 유한하다. 정해진 시간 안에서 결과를 잘 내야 한다. 인생이라는 게임에 유효기간이 있다는 것을 안다면 자아탐구가 중요하다. 자신을 알아야 20대, 30대, 40대, 50대라는 한정된 범주의 시간에서 각자 원하는 삶에 도달할 수 있다.

시간으로부터 성공의 씨앗을 키워낼 수 있는데, 중요한 것은 강점에 집중한 시간에 따라 인생에서 좋은 결과가 나온다는 점이다. 세월의 복리 효과이다. 우선 잘하는 것에 집중했을 때 연습 시간은 절대적인 것이 된다. 강점에 매일 시간을 투자하면 정직한 결과가 따르기 때문이다. 자기계발의 보상이기도 하다. 세상은 불공평하기 때문에 우리는 자신에게 초점을 맞춰야 하고 나만의 스토리를 써야 하는 것이다. 편집력이 발휘된 강점은 인생의 판을 바꿔볼 만한 지렛대가 될 수 있다.

오늘은 어제까지의 편집 결과물이다.

모든
편집력은
자기혁명
으로부터
나온다

사찰 벽면에 그려져 있는 '사람이 소를 타고 가는 그림'을 간혹 본 일이 있을 것이다. 십우도는 선(禪)을 닦는 순서를 표시한 것이다. 구체적으로 '십우(十牛)'란 심우(尋牛), 견적(見迹), 견우(見牛), 득우(得牛), 목우(牧牛), 기우귀가(騎牛歸家), 망우존인(忘牛存人), 인우구망(人牛俱忘), 반본환원(返本還源), 입전수수(入廛垂手)의 열 단계를 말한다.

심우(尋牛)는 소를 찾는 동자가 망과 고삐를 들고 산 속을 헤매는 모습으로 묘사된다. 참마음이 무엇인지 알지 못하지만 그것을 찾겠다는 열의를 공부하는 모습으로 상징하고 있다. 바로 자기를 찾는 결심의 단계를 말한다.

견적(見跡)은 '소의 발자국을 발견한 것'을 묘사한 것이다. 참마음과 자기를 찾으려는 일념으로 열심히 공부하다 보면 본성의 자취를 어렴풋이 느끼게 된다는 것이다. 소의 발자국을 발견하는 것으로 상징하여 표현한 그림이다. 어찌해야 할지 막연했는데 비로소 가닥을 잡는다.

견우(見牛)는 동자가 멀리 있는 소를 발견한 것을 묘사한 그림이다. 이는 오랜 노력과 공부 끝에 자기를 찾은 본성의 깨달음이 바로 눈앞에 다가왔음을 상징한다. 내면을 들여다보니 '참 마음'과 '물든 마음'이 혼재되어 있다.

득우(得牛)는 동자가 소를 붙잡아서 막 고삐를 낀 모습으로 표현된다. 마음의 상태를 보긴 보았는데 그 마음이 정화되지 않은, 마치 땅속에서 아직 제련되지 않는 금광석을 막 찾아낸 것과 같은 상태. 이때 소의 모습은 검은색으로 표현하는데, 탐진치 삼독(三毒)에 물들어 있는 거친 본성을 지니고 있다는 뜻에서 검게 표현한다.

목우(牧牛)는 거친 소를 길들이는 모습을 묘사한 것이다. 이때의 모습은 검은색에서 흰색으로 변해가고 있다. 자신을 다스리고 마음을 유순하게 길들이는 단계이다. 그 상태 정도에 따라 소의 색깔이 흰색으로 바뀐다.

기우귀가(騎牛歸家)는 동자가 구멍 없는 피리를 불며 본래의 고향으로 돌아오는 모습을 묘사한다. 이때의 소는 완전히 흰색으로 동자와 일체가 되어 피안의 세계로 나아가게 된다. 소의 색깔이 희게 변했으나 아직 '소'와 '자신'이 남아 있다.

망우존인(忘牛存人)은 집에 돌아와서 그동안 애쓰며 찾던 소는 잊어버리고 자기만 남았다는 내용이다. 본래 자기 마음을 찾아 하나가 되었으니 굳이 본성에 집착할 필요가 없다. '참 나'를 찾으려는 것을 비롯해 그 모든 것이 다 꿈이었다.

인우구망(人牛具忘)은 소를 잊은 다음 자신도 잊어버리는 상태를 묘사한다. 텅 빈 원상만을 그리는데, 이제 본성에도 집착하지 않고 나를 모두 비웠으니 자타가 다르지 않고 내외가 다르지 않다는 것이다. 전부가 오직 공(空)이라는 뜻이다.

반본환원(返本還源)은 주객이 텅 빈 원상 속에 자신의 모습이 있는 그대로 비침을 묘사한다. 산은 산이요, 물은 물이라. 만물을 있는 그대로 바라볼 수 있는 참된 지혜를 상징하는데, 있는 그대로의 세계를 모두 하나같이 사랑한다. 있는 그대로의 실상(實相)만 있을 뿐이다.

입전수수(入廛垂手)는 지팡이에 큰 포대를 메고 사람들이 많은 곳으로 가는 모습을 묘사하고 있다. 이때 큰 포대는 중생들에게 베풀어줄 복과 덕을 담은 포대로서, 중생의 구제를 상징한다.

당신은 어느 단계인가.

중년이라면 목우나 기우귀가 단계이다. 전문성을 바탕으로 자기만의 창조성을 발휘해야 하는 단계이다. 재능의 인식을 넘어 활용 차원으로 진입하는 단계이다. 재능은 완성도 차이에 따라 능력 발휘가 다르다.

모든 편집은 중요순위를 가려내는 일이다. 중요순위에 따라 삶은 다르게 편집된다. 이런 것들에 대한 개념을 정해놓지 않으면 삶은 금방 우왕좌왕 된다. 중요순위와 긴급순위가 뒤죽박죽되는 것이다. 그러다 결국 긴급순위만 처리하는 인생으로 전락한다. 편집은 가장 중요한 것으로 레이아웃을 잡는 일이다. 그 외의 것들은 하위개념으로 배경이 된다.

구구의 《당신은 왜 가난한가?》에서는 가난한 사람의 지혜는 생존 측면에만 머물고 있다고 한다. 가난한 사람들 속에서 생활하는 가난한 사람이 부자가 되는 계단에 오르고 싶다면 먼저 자신이 서 있는 계단에 이별을 고해야 하는데, 그것이 어렵다. 노예의 마인드를 벗어나기 쉽지 않다.

사장이 직원을 고용한 이유는 부자로 만들어주기 위해서가 아니고 같이 부자가 되기 위해서도 아니다. 사장은 잉여가치를 캐내지 못한다면 직원을 고용할 만한 아무 이유가 없게 된다. 아마추어처럼 일하다가는 언젠가 실력이 들통 난다.

능력은 실천 속에서만 단련되고 향상된다. 그래서 경험은 많을수록 좋다. 개인의 재능을 향상시킬 수 있을 뿐더러 계속 하다 보면 어느 사이 목표에 가까워져 자신의 분야에서 달인이 되는 것이다. 그 과정에서 원래 자리보다 훨씬 빠른 위치 이동이 이루어지는 셈이다.

모든 영역은 세월의 흔적을 필요로 한다. 나무 밑동의 굵기, 무성한 가지, 넓게 드리우는 그림자는 모두 세월의 흔적이다. 뿌리가 깊게 내려야 지속적인 번영을 할 수 있다. 이것이 뿌리라는 기반이다. 그런데 가난한 사람에게는 이런 뿌리와 기반이 없다. 단순히 부와 권력의 뿌리와 기반이 없는 것이 아니라 소질의 기반이 없다. 때문에 가난한 사람은 부를 갖기 어렵다는 이야기다.

'뿌리라는 것은 당장 이익되지 않아도 어느 한 세월 동안 꾸준히 해낸 내공을 말한다.'

가난한 사람은 당장 이익되지 않는 것에 꾸준히 내공을 쌓을 수 없다. 어느 상황까지는 그 경지에 올라 있어야 인생의 반전을 불러올 수 있는데, 소탐대실한다. 냄비 근성으로 일으킬 수 있는 부는 한정되어 있다. 인생에서 지속적인 파이프라인을 형성하기 위해서는 뿌리 깊은 그 무엇이 있어야 한다. 세상에 내놓을 수 있는 필살기 말이다.

단순하게 살아야 이러한 작업도 가능하다. 잡동사니 같은 인생으로서는 한 곳에 깊게 뿌리를 내릴 수 없다. 소질이 빛을 보기 위해서는 세월이라는 내공을 필요로 한다. 당장 부와 권력이 없다고 한다면 자신의 재능이라도 갈고 닦아야 한다. 시간이라는 유효기간에서 선택과 집중이 이루어져야 하는 것은 주마가편 같은 편집력 때문이다.

당신만의 확실한 콘셉트가 있는가?

가난한 사람은 약세에 처한 사람들로 한 번도 세를 주도해본 적이 없기 때문에 자신을 주도해나가는 것마저 익숙하지 않다. 자신을 주도해가는 것 없이 인생을 통제할 수 없다. 그래서 악순환이 계속된다.

인생을 통제 못 하는 가난한 사람은 지배받기에 익숙하다. 너무나 수동적인 삶을 살아간다. 자신에 대한 확신마저 없어 자신에 대한 투자조차 할 수 없다.

우리는 자신에게 투자를 할 수 있어야 하나의 방향성이 힘을 받는다. '을'일수록 평생직업에 종사할 것을 말한다. 강점을 통하여 각자 영역에서 성공할 수 있는 것이다. 모두 다른 꽃으로 피어날 수 있다.

인생은 자신을 믿고 전부를 걸어야 하는 멘탈 게임이다. 그것은 타인에게 인정받는 것에서부터 어느 정도 탄력을 받는다. 이것은 자기혁명을 이루고 난 후에 세월이라는 조공을 거쳐야 완성도를 높일 수 있다.

소질에 뿌리를 깊게 내려서 우선순위를 통해 한 분야에서 고수로 성장하라.

목차대로
삶이
만들어
진다

목차대로 삶이 만들어진다. 목차가 차지하는 비중을 나는 거의 절반이라고 생각한다. 물론 멋진 기획력 다음에 목차라는 것도 기능을 제대로 발휘한다. 무엇을 기획하겠다는 생각 없이 목차는 생성되지 않는다. 목차는 골격을 세우는, 중심을 잡는 일이다. 이 뼈대를 만드는 과정은 중요한 시간이기도 하다.

인생 역시 뼈대를 세우는 일이 중요하다. 설계도 없이 살아가는 사람은 우왕좌왕, 본업에 충실할 수 없기 때문이다. 에너지는 집중하지 않으면 흩어진다. 자원낭비다. 작은 프로젝트 하나에도 설계도가 필요한데, 하물며 20대, 30대, 40대, 50대에 어떻게 살겠다는 설계도가 없다면 지도 없이 항해하는 배와 같다. 무척 위험한 일이다. 중년에 조난당하거나 길 잃어 빙하를 만날 수도 있다.

먼저 20대는 방향을 찾는 시기다. 방향이란 것은 그냥 주어지는 것이 아니라 절대적인 노력이 있어야 찾아진다. 철저한 자아탐구를 바탕으로 세상에 펼칠 재능을 알아야 한다. 10대 때부터 재능이 출중하여 주변에서 인정한다면 그 길로 가면 되지만 그렇지 않다면 무얼 해야 행복하고 그 길에서 보람을 찾을 수 있을지 자아탐구부터 한다. 몇 년 빨리 취직되고 안 되고 문제가 아니다. 20대는 먼저 삶의 콘셉트를 정하는 시기다.

30대에는 자신의 길에서 '절차탁마(切磋琢磨)'하는 시기다. 전문성을 향해 가려면 누구보다 탁월해져야 한다. 탁월하지 않으면 한 분야에서 인정받지 못한다. 좋아한다면 날마다 실력을 갈고 닦아 누구보다 탁월해질 수 있다. 이 시기는 제대로 편집력을 발휘하는 시기이다. 시간이 지나면 어디에 있든 낭중지추(囊中之錐)처럼 존재감이 드러난다. 서른은 스페셜리스트가 되는 과정이다.

40대는 전문가라는 명함을 당당히 내밀 수 있어야 한다. 서른이 일군 성적표이다. 한 분야의 대가들만이 마흔이라는 시장에서 경쟁할 수 있다. 일부는 영역을 확장하여 제너럴리스트로 옮겨간다. 세상에 자신의 재기발랄함을 드러내는 40대는 그동안 갈고 닦은 능력을 마음껏 발휘하게 된다. 내공이 빛을 발하는 시기이니 확실한 콘셉트로 세상에 기여한다. 오랫동안 기다려온 것처럼 세상은 그런 사람들에게 인증샷을 보낸다.

50대는 마니아층을 거느린다. 사람들이 모여들어 하나의 군단을 형성한다. 같은 가치를 추구하는 사람들이다. 꿈이 같은 사람은 서로를 통해 도반의식을 느끼고 함께 성장한다. 50대에는 인생의 후배들에게 노하우를 전수하며 성장하는 기쁨을 누리는 시기다. 하나의 가치를 실현했다는 점에서 보람과 만족을 느낀다. 선배는 후배에게 하나라도 더 알려주면서 쉽게 길을 갈 수 있도록 인도한다. 그러면서 자연스레 자신의 세(勢)가 형성된다.

60대는 경제적인 것을 떠나 대중에게 가치를 전파할 수 있다는 데 행복을 느낀다. 자신만의 키워드에 따른 전도사가 되어 꿈을 실현한 것에 대해 누구에게든 말할 수 있다. 인생 자체가 하나의 스토리다. 높낮이 없이, 계파나 계층 구분 없이 스토리를 전달한다. 나를 불러주는 자리가 있다면 걸어온 길에 대한 노하우를 당당하게 말할 수 있다. 걸림이나 경계 같은 것은 없다. 깨달은 바를 전해주기만 하면 된다. 50대가 마니아층을 위한 것이었다면 60대는 더 포괄적인 삶이다. 그 이후의 인생은 덤이다.

이것을 책에 대입한다면 10대 1장, 20대 2장, 30대 3장, 40대 4장, 50대 5장이라고 볼 수 있다. 내가 만든 목차이다. 목차는 각자 다르다. 경험한 것은 과거로, 경험하고 있는 것은 현재로, 경험할 것은 미래로 쓰일 것이다. 목차는 콘셉트의 구체적인 실천들이다. 누구나 이런 현상으로 자신의 목차를 짤 수 있다.

나는 30-50-80이라는 생애주기를 말해왔다. 30에는 반드시 천직에서 장인정신을 발휘하고 50에는 일가를 이루고 80까지 현역으로 가자는 생애주기 프로젝트다. 일생일업이라고 해도 심화, 확대를 말한다. R&D 없이는 지속가능을 보장할 수 없기 때문이다. 천직이어야 가속이 붙거나 변화가 심한 업종이라고 하더라도 그 변화에 대한 문제해결력을 가질 수 있다.

중국의 장신은 《월스트리트 저널》이 뽑은 '아시아에서 주목할 만한 십 대 여성'(2007), 《포보스》가 뽑은 '세계에서 가장 영향력 있는 100대 여성'(2008)이다.

그녀의 어린 시절은 가난했다. 부모는 미얀마에서 사탕 공장을 운영했지만 중국으로 돌아와 정부 외국어 관리국에서 일했다. 이곳저곳 떠돌며 어렵게 생계를 이어간 궁핍한 어린 시절이었다.

열네 살 되던 해에 가난을 견디지 못한 어머니는 새로운 기회를 찾고자 홍콩으로 이주한다. 홍콩에서 최하층이 거주하는 슬럼가에 집을 얻는다. 장신은 봉제 공장에 취직하여 10대부터 어머니와 함께 생활비를 벌었다. 하루 열여섯 시간, 햇살조차 들지 않는 허름한 건물에서 아침부터 밤까지 옷과 신발에 박음질하며 인형을 만든다. 그때 그녀는 언제까지 지금처럼 살 수 없다는 생각을 했다. 육체적으로 힘든 날이었지만 어떻게든 공부하겠다는 의지를 굳혔다. 고된 생활 속에서도 책을 놓지 않은 결과 야간대학 합격 통지서를 받는다. 오랫동안 꿈꿔 온 대학생이 됐다는 사실에 피곤한 줄 모르고 회계학을 선택하여 주경야독한다. 드디어 대학 졸업장을 손에 쥔다. 봉제공장이 아닌 사무직으로 자리를 옮겼지만, 여기에 만족하지 않는다. 배울수록 더 나은 미래가 보장된다는 사실을 알고 다시 꿈을 꾸기 시작했다. 해외 유학까지 도전해 보자는 생각이다. 주변에서는 비웃었지만, 직장생활을 통해 아낀 돈으로 비행기 표를 구입하고 영국 유학을 떠난다.

이후 케임브리지 대학에서 개발 경제학을 전공하고 석사학위를 받는다. 그 후 골드만 삭스로부터 입사 제의를 받아 월스트리트 최고 기업의 애널리스트가 된다. 금융권에 발을 들여놓은 그녀는 골드만 삭스, 베어링스, 트래블러스 그룹 등에서 러브콜을 받았으며 고액 연봉이 쥐어졌다. 하지만 다시 꿈을 꾼다. 그것은 소형 주택 사업이었다. 이전 세대와는 다른 주거 형태가 런던과 뉴욕을 휩쓸고 있다는 점에 주목한다.

과거와 달리 재택근무 시대가 오고 있음을 알고 중국으로 돌아와 1995년 남편과 함께 부동산 개발 회사를 세운다. 회사 이름은 '소호(SOHO, Small Office Home Office)차이나'였다. 젊은 층이 혼자 살 수 있는 공간을 원한다는 점에 주목하여 당시 중국에서는 생소했던 도심형 소형 오피스텔을 분양한다. 불티나게 분양되었고, 얼마 지나지 않아 중국 사회가 주목하는 젊은 사업가로 명성을 날린다. 세계 언론들은 "베이징의 스카이라인은 장신이 다시 그린다."는 찬사를 보낸다.

당신은 지금 몇 장, 몇 번째의 목차를 살아가고 있는가.

세상을 텍스트라고 보는 것처럼 인생 역시 하나의 텍스트라고 볼 수 있다. 목차를 짜고 컬러를 입히는 과정은 완전히 자신의 몫이다. 인생이 칙칙하게 흑백으로 끝날 수도 있고 화려하게 컬러를 지니면서 눈부시게 끝날 수도 있다.

이러한 차이는 목차의 차이다. 목차가 엉뚱하거나 잠재능력을 발휘하지 못하는 분야라면 힘들 것이다. 자신의 금맥과 만나는 방향으로 목차를 짜야 한다. '학업'이라는 재능이 없는데 중국의 장신처럼 공부를 통해 자신의 꿈을 이루겠다는 목차를 짜면 성공하기 어렵다. 그래서 타인의 성공담은 멘탈에 도움되는 쪽으로만 활용해야지 그 이상은 아니다. 타인의 자기계발서가 나를 잘 아는 것, 내 주변 환경을 잘 아는 것보다 중요할 수 없다. 이것이 자기계발의 함정이다.

기본적인 목차는 인생 전체의 설계도다. 우리가 책에서 목차를 보고 전체를 파악하듯 내 인생의 목차부터 기획한다. 기회가 된다면 한 권의 노트를 준비하여 자서전을 구상해 볼 것을 권한다. 이것이 이 책에서 말한 모든 편집력을 발휘하는 시간이 될 것이다.

맨 첫 장은 프롤로그다. 인생을 어떻게 살겠다는 프롤로그를 써놓은 다음 목차를 작성한다. 단행본과 순서가 동일하다. 10대 1장, 20대 2장, 30대 3장, 40대 4장, 50대 5장으로 구성한다. 각 장은 열 꼭지가 좋겠다. 그러면 훨씬 인생이 잘 보일 것이다. 뒷부분 에필로그는 미리 써본 유서, 미리 써본 묘비명이라고 볼 수 있다.

당신은 지금 몇 장, 몇 꼭지를 써내려가고 있는가.

편집력을
통한
분류는
생존력이다

전혀 새로울 것 없는 편집을 본 적이 있는가? 나는 오랫동안 편집일을 하면서 다음과 같은 고민에서 자유롭지 못하다. 제목은 어떻게 정해야 할까, 기존의 편집보다 새로운 편집은 없을까 등 등. 그러나 막상 세상에 선보이는 책을 대할 때면 곳곳에 버젓이 자리잡고 있는 변화되지 않은 나의 편집스타일이 보인다. 고정관념이다.

세상의 모든 태생은 뭔가 의미를 안고 태어난다. 모든 것에는 나름 존재 이유가 있다. 잡지 한 권, 단행본 한 권에도 존재 이유가 있다. 조금 다르게 말하거나 다른 해석을 내리거나 나만의 말하기이거나 더 특별하게 강조하거나……. 편집의 모든 태생은 이러한 새롭게 말하기다. 여기에 고정관념은 독이다.

하물며 인생이라는 거대한 서사에 고정관념은 해롭다. 미래가 더 이상 새로울 것 없다는 의미다. 새롭다는 것은 뭔가 나만의 역할 부여다. 세상의 다른 사람으로부터의 구분이다.

나만의 특별한 자리 찾기, 그것은 기존 누구를 답습하는 것이 아니라 나만의 방식으로 세상과 대화하기다. 고정관념을 제거한다면 우리는 누구나 특별한 꽃이 될 수 있다. 성공의 방식은 모두 다르다. 어느 누가 성공을 말했다고 하더라도 그것을 적용할 수 없는 이유는 각자 처한 상황이 다르기 때문이다. 그리고 성공에 대한 개념 역시 다르다.

편집력에서는 분류에 대한 중요성을 빼놓을 수 없다. 어느 것을 어떻게 나누느냐에 따라 내용은 달라진다. 분류를 한다는 것은 곧 기준을 갖고 나눈다는 것을 의미한다. 분류에는 세상을 바라보는 관점이 담긴다. 그래서 분류는 더 중요한 의미를 가진다. 이 분류가 100세 시대 생존력에 영향을 미친다.

이봉진 농부는 도시에서 사업에 실패하고 귀농했다. 봉화의 깊은 산골에서 태어나 가난한 농부의 아들로 자라 대학을 졸업했다. 중국으로 건너가 베이징 대, 칭화 대에 한국 유학생이 많은 대학가에 한국 식당을 차렸다. 식당은 입소문이 퍼져 나날이 번창했지만 돈을 벌다 보니 돈 욕심이 났다. 결국 한국 물건을 수입해서 중국에 파는 무역업에 손을 댔지만 한국을 강타한 IMF로 많은 빚을 안고 사업에 실패한다. 젊은 시절 성공도 해봤기에 빨리 재기해야겠다는 마음이 앞섰으나 이것저것 시도할수록 늪에 빠졌다. 결국 신용불량자가 됐다.

월세방에 살며 막노동 등 할 수 있는 최선의 노력을 다했지만 아들 하나 공부시키기도 힘들었다. 그러다 형님들이 사는 고향 봉화로 귀향했다. 살아남기 위해 땅을 빌리고 씨앗을 구해 배추농사, 상추농사를 시작했다. 채식주의자가 된 그는 벌레 한 마리 죽이는 법 없이 농사를 지었다. 처음 지은 농사인데도 참 잘 지었다고 동네에 소문이 자자했다.

문제는 유통이었다. 장마로 농산물 가격이 치솟는다는데, 팔면 팔수록 빚만 늘어났다. 채소 농사를 접고 형님들의 사과 농사를 도왔는데, 농사를 잘 지으려면 잘 배워야 한다는 생각에 열과 성을 다해 지자체의 농사교육을 들었다. 사과 농사를 하는 한편 산에서 나무하는 산판일도 했다. 나무 일을 해서 받은 일당은 사과 박스를 디자인하는 데 썼다. 그에게 디자인은 중요한 생존력에 해당하는 편집이었다.

강남 사람들이 사과는 맛있는데 박스가 촌스러워서 선물을 못 하겠다는 말에 자신이 농사짓는 사과는 최상품이었으므로 그에 맞는 디자인이 필요하다고 생각했다. 최고가 되어야겠다는 마음으로 최고 디자이너를 찾았다. 액션서울의 이장섭 대표를 만나 사과 박스 디자인을 의뢰했다. 이장섭 대표는 브랜드까지 만들어줬다. 농가의 부가가치를 창출하게 하기 위한 대안적인 유통 방식을 실천하겠다는 의지로 '파머스파티'가 만들어진다.

사과가 디자인이라는 패셔너블한 옷을 입으니 어필할 수 있는 계층이 달라졌다. 달라진 디자인에 따라 철저하게 젊은 층을 타깃으로 했다. 이봉진 농부와 똑 닮은 캐릭터를 만들어 브랜딩하고, 마케팅에는 농산물에 대한 이야기를 담았다. 한 해는 '저희는 사과를 판매하지 않겠습니다'라는 배너를 올렸다. 추석 대목을 위해 강제로 사과를 수확할 수 있었지만, 자연의 흐름에 맞게 가장 잘 익었을 때 따는 사과가 제일 맛있고 좋은 사과라는 판단에서다.

파머스파티는 농부와 디자이너가 만든 첫 브랜드다. 대형 유통망에 막혀 숨 쉴 틈 없었던 농가가 유통에 성공한 좋은 사례로 손꼽힌다. 사과 외에도 더 많은 농산물을 품을 준비하고 있다. 모든 것은 윤리적 소비, 철학적 소비라는 철학으로 무장되어 그 아래 편집된다. 하위 개념들이 일렬횡대로 편집되는 것이다.

브랜드는 곧 하나의 1인 연구소나 마찬가지다. 요즘 개인 연구소가 늘고 있다. 하나의 브랜드에는 하나의 철학이 담긴다. 개인 연구소는 조직에서 나온 후 그동안 노하우를 브랜드로 만든 사람들이다. 우리 모두는 각자 하나의 브랜드이다. 고정관념만 깬다면 말이다. 종의 의식으로 살겠다는 마음이 아니라면 누구나 하나의 브랜드를 계발할 수 있다.

힐링연구소, 좋은맘연구소, 힐링멘토연구소, 희망연구소, 행복플러스연구소, 멘토연구소, 일하는엄마연구소, 기쁨더하기연구소, 데이타경영연구소, 지식디자이너연구소, 스토리텔링연구소, 메신저연구소, 거절극복연구소, 미래작가되기연구소 등 무수하다.

나의 브랜드는 '자아실현연구소'이다. 자아를 찾고 그것을 계발하려는 사람들의 의식을 돕는다. 브랜드라는 것은 확실한 철학적 기반 위에서 피어날 수 있다. 편집력을 10년 이상 발휘한 것은 그것이 무엇이든 하나의 연구소다. 세상에 기여할 콘셉트인 것이다. 작은 들꽃에서 우주를 볼 수 있는 것처럼, 편집력은 시간이 흐를수록 성장, 확대, 연결, 공유된다. 무럭무럭 자란다. 인생에서 조금 일찍 편집력을 발휘한다면 우리는 각자 연구소에서 자신의 가치를 최대치로 발휘할 수 있다.

당신의 1인 연구소 이름은 무엇인가?

인생은 선택대로 만들어진다. 지금의 내 모습은 과거에 선택한 형상대로다. 지금의 선택 또한 미래 모습을 만들 것이다. 연구소 이름을 정한 후부터 당신은 새로운 편집력을 발휘할 수 있다. 미래 일기를 쓸 수 있다는 것은 삶에 주체의식을 가졌다는 뜻이다. 자신의 주도권 아래 삶을 적절하게 통제해온 사람들은 작은 성공체험이 연습되어 계속 그러한 방향으로 탄력받을 것이다.

성공체험은 다른 성공체험을 부르기 때문이다. 첫번째 도미노가 넘어지면 줄줄이 넘어지게 되는 일종의 선순환이다. 여기에 따라 자존감도 올라간다. 삶의 주도권이 그래서 중요하다. 꼬리에 꼬리를 물기 때문이다. 자신의 삶에 대해 3년 후, 5년 후, 10년 후를 말할 수 없는 사람이라면 현재 얼마나 암담한가. 한 번뿐인 삶, 제대로 반전을 노려라.

편집력은 세월을 줄여준다. 집중도를 높여준다. 자신의 강점을 통한 콘셉트로 자신의 금맥과 만나라.

주인의식을 가져야 편집력도 발휘된다. 미래 일기를 쓸 수 있다는 것은 주체로 사는 삶일 때 가능하다. 인생은 유한하다. 유한하기에 할 수 있는 것은 한정적이다. 삭제나 추가 버튼을 자주 눌러야 한다.

편집력은
일류만의
아우라를
만든다

세상에는 숨은 고수가 많다. 기회만 만나면 깨어날 잠룡들이다. 이러한 잠룡들은 때를 기다린다. 필살기가 없다면 세상이라는 바다에서 경쟁하기 어렵다. 이것은 나이가 적은가 많은가에 대한 것이 아니다. 이 생에서 존재감 발현과 같은 것이다. 물론 직업에의 귀천도 없다. 자신이 자존감을 발휘할 수 있는 업종이면 된다.

10년, 20년, 30년 이상의 편집력은 평범하지 않은 인간을 만든다. 세월에 대한 보상도 충분히 해준다. 한 업종에 오랜 시간 아이디어를 내며 길을 간다는 것은 아주 어려운 일이다. 이것은 타고난 지능을 넘어서는 달인 같은 숙련도를 준다. 생각 없이, 고민 없이, 연구 없이 한 길로 갈 수 없기 때문이다. 그리고 문제해결력 없이도 한 길을 갈 수 없다. 한 길은 그 모든 것들을 포함한다.

마사 스튜어트는 세계적인 여성 기업인이며 주부의 일상을 비즈니스로 끌어올려 성공한 입지전적인 인물이다. 자신만의 요리 레시피를 소개하는 〈엔터테이닝〉이라는 책으로 유명해졌다. 이후 '마사 스튜어트 리빙 옴니미디어'라는 기업을 설립하여 억만 장자가 된다.

맨해튼과 인접한 뉴저지주에서 폴란드계 이민 노동자의 6남매 중 맏이로 태어난 그녀는 어린 시절부터 집안일을 좋아했다. 부유하지 않았지만 가정적이었던 어머니는 살림꾼이었고 요리 솜씨가 탁월한 어머니를 따라 집안일을 배우곤 했다. 어릴 때부터 요리, 집안 꾸미기, 정원 가꾸기 등 온갖 가사 일을 거들었다.

"집안을 가꾸는 것은 정말 재미있어."

그녀는 서른두 살에 가족을 위한 요리를 하며 지내는 평범한 가정주부였는데, 도시 생활을 접고 코네티컷으로 이사 왔을 때, 집은 버려지다시피 한 농가였다. 하지만 1년 사이에 일대에서 가장 아름다운 집으로 변신했다. 그녀는 살림이라면 자신 있었다. 그때 떠오른 아이디어는 출장연회 요리였다. 각종 요리에 스타일을 살려 꾸미는 감각이 있었기 때문인데, 음식은 입으로 먹지만 눈으로도 즐기는 것이라는 생각에서 푸드 스타일이 살아 있게 작업했다.

집 지하실을 요리실과 사무실로 꾸며놓고, 출장음식서비스를 시작했다. 순식간에 대박이 났다. 코네디컷 주 조용한 주택에서 살고 있던 사람들은 그녀의 고객이 되었다. 살림 솜씨도 사업이 될 수 있었다. 어느 날 남편이 집에서 파티를 열었는데, 그때 파티에 초청된 한 출판사 사장이 요리책 출간을 제의했다. 첫 번째 요리책인 〈엔터테이닝(Entertaining)〉이 세상에 나왔던 계기다.

첫 번째 책의 성공에 이어 살림이나 요리에 관한 책을 계속 출간하였다. 책마다 베스트셀러가 되었다. 미국의 여성들은 그녀의 요리 레시피에 열광했고 그것은 코네티컷을 넘어 미국 전역으로 퍼졌다. 미디어 분야로도 진출했다. 〈마사 스튜어트 매거진〉을 출간하기 시작했고, 〈마사 스튜어트 리빙〉이라는 프로그램을 만들어 방송국에 팔았다. 그리고 '마사 스튜어트 리빙 옴니미디어'를 창업하여 세계적인 사업가로 변신했다.

마흔에 첫 책을 냈고 쉰에 마사 스튜어트 리빙을 시작했다. 마흔을 전후해서 전업주부로 살다 뒤늦게 자신의 인생을 찾은 셈이다.

편집력은 언제, 어디서든 다시 시작할 수 있게 하는 힘을 준다. 자신의 재능이 무엇인지 모른다면 이러한 편집력은 발휘되지 않을 것이다. 세상은 재능을 꺼내놓는 이들에게 열광하기에 그녀 역시 멋진 살림 스타일로 큰 호응을 불러일으켰다.

당신 안에 그것이 있다면 끄집어내어 빛을 발하게 하는 데는 절대 시간이 필요하다. 남들에게 인정받았던 것, 최근 성공했던 프로젝트, 결과가 좋았던 반응 등 탁월한 전문성을 꺼내 완성도를 높인다. 지속적으로 성공체험을 늘린다. 매일의 습관이 모여야 탁월해진다. 이름이 브랜드가 될 수 있도록 지속적으로 나아간다.

누구나 자신만의 속도가 있다. 그것을 놓치면 자기관리가 흐트러진다. 내 속도로 가지만 결코 뒤로 가지 않는 것이다. 내 속도로 가는 사람이 더 오래, 멀리, 길게, 뿌리 깊게 나아간다. 바람에 흔들리지 않는 것은 바로 경험이라는 시간 때문이다.

대나무는 모든 성장이 땅속에서 이루어진다. 그 때문에 뿌리가 땅 밑에서 종으로 횡으로 뻗어간다. 그러다 다섯 번째 해가 지날 무렵 갑자기 약 25미터 높이로 성장한다. 갑자기 25미터나 솟구치는 대나무는 땅속 뿌리의 성장이 이루어졌기 때문이다. 삶에도 이런 놀라운 비약이 있다. 한 분야에서 편집력만 발휘할 수 있다면 충분히 가능하다. 물리적인 양이 어느 날 훌쩍 임계점을 넘는다.

피터 드러커는 일류에 대해 다음과 같이 말했다.
"일류의 사람, 상품에는 그만의 아우라가 있습니다. 그것은 오랫동안 평범하지 않은 노력과 고민이 지속적이게 쌓아온 결정체입니다. 따라서 매우 깊고 무겁습니다. 인간으로서도 훌륭한 빛을 냅니다. 그러한 자리에 오른 사람은 한 가지를 마스터한 달인이기 때문입니다."

일류가 깊고 무겁고 훌륭한 빛을 발하는 것은 한 분야의 달인이기 때문이다. 자신을 이기는 사람이 가장 강한 사람이다. 세상에 현현하는 사람들은 모두 자신을 넘어선 사람들이다.

인생에서 명품을 만들고 싶거든 천직부터 발견해야 한다. 한 길에서 깊어지는 것이다. 깊어지면 한 길에서 풍부한 맛도 난다. 삶은 무엇보다 스스로와 약속을 지키는 일부터 시작된다. 자신과의 약속을 잘 지키는 사람은 과거보다 현재, 현재보다 미래가 더 별 볼 일 있다.

미래가 더 별 볼 일 있는 사람은 자기계발을 멈추지 않는다. 천직은 스스로를 넘어서는 힘이 있어야 가능하기 때문이다. 괄목상대할 만큼 달라지는 것은 한 가지를 마스터한 힘으로부터 나온다. 그래서 천직으로 살아온 일류에게는 그만한 아우라가 있다. 자신을 넘어섰기 때문에 인간으로서도 훌륭한 빛을 낸다.

천직을 찾았거든 그 안의 금맥과 만나라.

신이 우리를 이 세상에 보낼 때는 그 능력도 함께 선물하였다. 다만 적극 계발하지 않았기 때문에 금맥과 못 만나는 것이다. 지난한 세공의 과정이 없어서다.

주변에 멘토 한 명 없이 사는 사람도 많다. 완전하지 않은 존재인 인간이 멘토 한 명 없이 산다는 것이 얼마나 불완전할까. 뒤늦게야 자신에 대해 알거나 아니면 영영 모른 채 일생을 마감한다. 우리의 인생 여정은 신이 설계한 지도를 찾아 참자아와 만나는 일이다. 여정에서 그것을 계발한 사람은 결국 신의 선물을 받는다.

인생에서 꼭 직진 코스가 좋은 것은 아니다. 첫 직장부터 마음에 맞는 문화를 만날 수 없고, 한 번의 만남이 한 사람의 인생에 지대한 영향을 끼치기도 어렵다. 자꾸 시도하는 가운데 꿈과 닮아간다. 모든 것들이 처음에 결정된다면 패자부활전 같은 것은 아예 존재하지 않을 것이다.

에둘러 가는 길이라도 방향이 없어서는 곤란하다. 에둘러 간다는 것은 일정한 방향을 놔두고 다양한 경험을 쌓는다는 것을 말한다. 이것은 방향성 없이 가는 것과 완전 다르다. 삶에서 방향성은 일찍부터 요구된다. 인생에서 20대보다 10대에 편집력을 발휘한다면 일찍 자신의 금맥을 만나는 셈이니까 원하는 곳에 빠르게 도달할 것이다. 집안에서 하는 일을 물려받는다면 더 완전해질 수 있다. DNA로부터의 천직이다.

명품 인생이 되려면 나부터 인생의 장인이어야 한다. 장인에 대한 가치관이 없다면 명품 인생은 어렵다. 길게 기다리며 뭔가 하나를 만들어가는 것에 대해 의식이 없다는 이야기다. 그러면 졸속이거나 단발성으로 흐르기 쉽다. 인생에도 진정성을 다할 필요가 있다.

명품이 아름다운 것은 은근함이다. 당신의 인생에서 서서히 발효되고 있는 것이 진짜다. 너무 빠르게, 속전속결로 그리고 유혹적으로 다가오는 것에 한눈을 팔아서는 안 된다. 에둘러 가더라도 조바심치지 않는 은근함이 필요하다. 아는 사람은 명품을 알아본다.

편집자의
눈으로
세상을
보라

주변에서 원하는 인생을 만들어가는 사람은 자신에 맞는 특별한 편집의 방법을 찾은 사람들이다. 편집과 그들의 삶이 일치된 모습을 볼 수 있다. 삶 자체가 새로운 스토리가 된 사람들이다. 편집자의 눈으로 세상을 본다면 어떻게 편집해야 할지 발상이 떠오를 것이다.

최근 관점에 대한 책이 인기를 끌었다. 누구나 관점에 대해 학습할 수 있는데, 모든 문제는 앞면이 아니라 윗면, 아랫면, 옆면 등 입체적인 각도에서 바라봐야 한다. 내 관점에 문제가 없는지부터 살피는 것이 열심히 사는 일보다 효과적이다. 내가 세상을 바라보는 방식이 과연 진화적인가를 놓고 먼저 고민해봐야 한다. 편집자의 눈은 입체적인 관점을 필요로 한다.

관점이 열린 것인지, 폐쇄적인지에 따라 결론도 달라진다. 관점의 한계는 곧 자신의 한계이다. 밥을 먹어 몸을 보충하듯이 책이나 강의로 영혼지수를 높이는 것이 좋다. 자극받아야 다른 관점도 생겨난다. 오늘날 자신이 처한 상황을 바라보는 가장 솔직한 방법 중 하나가 자신의 관점에 문제제기하는 것이다. 더 나아지는 삶에 관한 것들이다.

편집자의 눈으로 세상을 본다면 늦었다고 포기하지 않을 것이다. 편집력은 시간에 대한 복리 마술이기도 하다. 의미로 채워진 시간이라면 시간은 흩어지지 않는다. 에너지 역시 의미로 채워져야 마모되지 않고 누적된다. 모든 결실은 누적으로부터 그 모습을 드러낸다. 좋은 것이든 그렇지 않은 것이든 누적은 곧 모습을 드러낸다. 우리가 각자 인생의 편집자라면 의식의 차원을 살핀다.

미국 뉴욕의 패션거리에 '그라운드제로 뮤지엄 워크숍'이란 간판이 걸려 있다. 9·11 테러 희생자들의 잔해가 빼곡하게 전시된 곳인데, 벽에 걸린 달력과 시계는 2001년 9월 11일 그대로다. 테러 순간 10시 2분 14초에 멈춰 있다. 작은 방에 100여 점의 사진과 유품이 있는데, 자비를 털어 박물관을 연 사람은 개리 수손이다.

그는 뉴욕 소방관 노조의 의뢰로 8개월 동안 현장의 참혹한 모습을 카메라에 담았다. 현장 유품이나 잔해는 외부 반출이 금지되었다. 뉴욕의 박물관을 찾아다녔지만 어디에서나 더 이상 9·11과 마주하고 싶지 않다는 반응만 듣는다. 후손들에게 9·11 현장 그대로를 전하고 싶다는 그의 의지와는 달리 싸늘한 답변만 돌아온다.

그 후 네덜란드 암스테르담으로 여행을 가게 된다. 거기에서 《안네의 일기》의 주인공인 유대인 소녀 안네 프랑크 박물관을 우연하게 방문한다. 그곳에서 작은 박물관도 사람들에게 감동을 줄 수 있겠다는 확신이 선다. 다시 뉴욕으로 돌아와 전 재산을 털어 첼시 패션가 2층에 공간을 마련한다. 비로소 작은 박물관을 찾는 사람이 늘기 시작한다.

이것이 미국 뉴욕 패션거리의 '그라운드제로 뮤지엄 워크숍'에 관한 스토리다. 이후 뉴욕타임스(NYT)와 CNN·폭스 등 방송에 소개되면서 뉴욕의 명소가 된다.

슬픈 일이든 나쁜 일이든 힘든 일이든 어려운 일이든 그것은 스토리가 된다. 슬프면 슬픈 대로 기쁘면 기쁜 대로 원인과 결과를 포함한 모든 것은 스토리가 된다. 단, 영혼지수를 높여야 승화될 수 있다.

편집자의 눈으로, 작은 박물관도 사람들에게 감동을 줄 수 있겠다는 확신을 가진 다음에 가능한 것들이었다. 상처는 기억해야만 그 의미가 있다. 역사적인 의미의 것들을 기념일로 만드는 이유는 모두 기억 때문이다. 하지만 그 기억하는 형식에 있어서 어떤 편집을 차용할 것인가는 의식 수준만큼 반영된다.

잊는 것은 기억하지 않는다는 의미다. 기억해내기 위해서는 어떤 편집을 할 것인가 역시 우리에게 주어진 과제이다. 우리에게도 아픈 상처가 많다. 역사도 그러하고 사회적인 사건도 그러하다. 이런 것들을 기억하는 것은 상처 없는 세상이 되기 위함이다. 그렇지 않다면 모든 것은 다시 되풀이된다. 죽은 사람을 기억하는 것은 그 죽음을 헛되이 하지 않기 위함이다.

김정운 교수는 안정된 교수직을 버리고 자신의 영감에 충실하여 미술을 배우러 일본으로 떠났다. 50대의 나이에 결단을 내리기란 쉽지 않았을 것이다. 어느 날 학교에 사표를 내고 '자유'를 선언하는데,《그리스인 조르바》를 읽고 내린 결단이다. 명사 101명을 엄선하여 우리 시대의 고전을 매주 한 권씩 소개하는 '101 파워클래식'에서 소설《그리스인 조르바》의 독후감을 의뢰받았다.

책을 읽다 느닷없이 '자유'라는 조르바식 질문에 견디다 못해 사직서를 제출한다. 조선일보와의 인터뷰에서 "후회 안 하는가?"라는 물음에 "아, 후회하고 있지. 이럴 줄 알았다면, 이 나이에《그리스인 조르바》를 다시 읽는 게 아니었다."라고 고백했다. 독후감은 이렇게 시작된다.

"지난 며칠 동안 난 이 책을 손에서 놓칠 못하고 무척 괴로워했다. 이 느닷없는 '자유'에 대한 망상 때문이다.(중략)《그리스인 조르바》의 감동은 명확하다. 도대체 '내켜서', 자신이 하고 싶은 일을 하며 살고 있느냐는 본질적인 질문이다. 그러고 보니 지금까지 난 '교수'를 내켜서 한 게 아니다. 학생들 가르치는 일이 그토록 '내키질 않아' 매번 신경질만 버럭버럭 내면서도 '교수'라는 사회적 지위의 달콤함에 지금까지 온 거다."

쉰 살이 된 그는 "더 늙으면 새로운 걸 시작하는 게 힘들어지고 비겁해지니까 더 늦기 전에 결단을 내렸다. 오랫동안 고민했는데 책이 마음을 굳히는 결정적인 도화선이 됐다."고 했다. 일본에 머물며 디자인과 놀이학에 관한 책을 쓸 예정이다. 교수로서 누렸던 많은 것을 버리는 것 즉, 월급이 안 들어오고 연금도 포기하지만 영혼만큼은 자유롭다는 것이다. 그가 앞으로 배우고 느낀 것을 어떻게 풀어낼지 궁금하다.

꿈 없이 사는 사람도 많다. 하지만 살아있다는 것은 자아와 소통하는 일이다. 하고 싶은 일을 하며 살고 있느냐는 본질적인 질문을 우리는 수시로 자신에게 할 필요성이 있다. 혼자만의 시간을 갖고 이 질문에 즉각적으로 대답할 수 있어야 하는데, 거기에 따라 행복한가 불행한가도 가늠된다. 삶은 마인드에 따라 도미노처럼 영향력을 끼치기 때문이다.

인생은 언제나 따사로운 햇살만 비출 수 없다. 하지만 방향성이 있다면 길은 길에서 이어진다. 길에서 다른 길을 만나지만 그 길은 전혀 다른 범주의 길은 아닐 것이다. 궁극적인 것은 내면과 소통하여 자기 길을 가는 일이다. 길과 길에는 맥락이 연결된다.

part 02

내 안에 있는 것을 발견하고 그것을 끄집어내어 가장 나다운 삶을 산다면 우리는 원하는 인생을 만들어 갈 수 있다. 나를 모르고서는 반전의 지렛대가 작용하지 않는다. 반전의 지렛대가 있어야만 인생에서도 역전할 수 있다. 대한민국은 개인을 책임져주지 않는 나라이기에 요람에서 무덤까지 스스로를 책임져야 한다.

타인의 행복이 나의 행복이 아니다. 우리는 각자 기질에 맞는 행복이 다르다. 취향이나 기호도 다르다. 그래서 외부 욕망에 맞춘 행복은 일시적이다. 우리는 좋아 보이는 것이 아니라 내가 진짜 잘하는 내부 욕망에 초점을 맞춰야 할 것이다.

그러면 각자 인생에서 성공을 거둘 수 있다. 그렇기에 자신을 제대로 알지 못하면 모든 것이 허상에 지나지 않는다. 사상누각이다. 자원낭비다. 예컨대 타인의 성공 방식이 나와는 무관한 이유에서다. 진짜 내부 욕망을 찾아 편집자의 눈으로 세상을 보라. 길은 길과 연결될 것이다.

제3장

편집력으로
인생을
바꿔라

(본론)

세상에
편집
당하기 전에
세상을
편집하라

개념을 달리한 나만의 각주를 만들어보는 것
은 의미 있다. 목표로 하는 성공은 그것이 큰 것일수록 자잘한 실패를 필
요로 한다. 처음부터 잘하면 좋겠지만 중요한 일일수록 노하우가 있어야
하기 때문에 경험으로부터 얻을 수밖에 없다.

100세 시대다. 80세 시대와는 패러다임이 다르다. 80세 시대에 실패하
는 것과 100세 시대에 실패하는 것은 개념이 다르다. 100세 시대에는 길
어진 노후를 위해서라도 다양한 암묵지를 축적할 필요성이 있다. 자신의
분야는 물론 인접분야까지 확대하거나 심화되어야 하기 때문이다.

암묵지는 경험해 보아야 아는 것들이다. 우리나라는 급속한 산업화로
인하여 숙성된 매뉴얼이 발달해 있지 않아서 누적된 경험을 기록해놓은
것이 부족하다. 오로지 스스로의 경험을 통해서 자신만의 느낌을 만든
다. 그렇기 때문에 실패에도 각주를 달아야 한다. 실패는 성공에 대한 일
보 전진이다. 그리고 자신에게 기회를 주는 일이다. 성공이라는 개념이
사람마다 다르듯 실패라는 개념에도 각주를 달아야 한다.

먼저 성공이라는 개념부터 재정의해 본다. 어떤 사람을 성공했다고
부를 수 있는 걸까. 성공이라는 개념은 각자 다르다. 이것을 뭉뚱그려 세
상이 말하는 단 하나의 성공으로 생각해서는 곤란하다. 앞으로 세상에는
다양한 가치관이 형성될 것이고 이럴 때마다 각주를 달아주어야 한다.
그래야 오해의 소지가 없다.

성공에 대한 개념 재정의다.

자신의 분야에서 최고를 말한다.
날마다 성장하는 것을 말한다.
꿈을 이룬 사람을 뜻한다.
소명을 발견하고 실천해가는 사람이다.
세상에 선한 영향력을 널리 끼치는 사람이다.
자신이 원하는 대로 인생을 사는 사람을 말한다.

다음은 실패에 대한 개념 재정의다.

실패는 일보 전진이다.
실패는 성공의 과정이다.
빨리 실패해야 빨리 성공할 수 있다.
실패는 시작의 기회다.
새로운 세계의 출발점이다.
새로운 기회를 자신에게 주는 일이다.

이처럼 성공과 실패에 대한 각주는 개인마다 다르다. 재정의가 필요한 것은 각주에 따라 삶의 방향성이 달라지기 때문이다. 실패는 성공에 좀 더 가까이 가는 일이며 에둘러 가는 길이다. 성공에 얼마나 가까이 다가섰는지에 대한 지표가 될 수 있다.

젊은 시절 경험한 것들은 다 쓸모가 있다. 다시 그 일을 잡았을 때 기시감이 든다. 기시감이란 낯설지 않은 풍경을 말한다. 정말 불필요한 일이란 없다. 하지만 실패도 꿈으로 가는 길에서 하는 것이 좋을 듯하다. 전혀 엉뚱한 범주는 권하고 싶지 않다. 더 많이 실패하라는 이야기를 자칫 전혀 다른 방향에서의 실패로 생각해서는 오해다. 실패와 성공이 교차하는 것이 인생이다. 방향성만 있다면 실패는 실패라고 부를 수 없다. 즉, 실패의 기록이 모여 결과를 형성하기 때문이다.

실패를 통해서 점점 나아지기 때문에 많이 실패해본 사람이 빨리 감을 잡는다. 어떤 일이든 처음에는 대체로 성공적이지 못하다. 타고난 천재가 아닌 이상 실패로부터 점점 완성도를 높여가는 것이다. 그리고 천재라 해도 처음부터 잘할 수는 없다.

애를리히는 605번의 실패 후에 매독의 치료법을 개발했다.

헨리 포드는 871번의 실패 후에 사람이 탈 만한 자동차를 만들었다.

《바람과 함께 사라지다》는 7년간 출판사로부터 거절당했다.

미켈란젤로의 〈최후의 심판〉은 8년 동안 땀 흘린 후에 완성되었다.

레오나르도 다빈치의 〈최후의 만찬〉은 10년이 걸렸다.

에디슨이 전구를 발명하는 데까지 147번의 실패가 있었다.

라이트 형제가 비행에 성공하기까지 무려 805번의 실패를 했다

다이애나 로스는 9집 앨범을 낼 때까지 하나의 히트곡도 없었다.

월트 디즈니는 다섯 번이나 파산을 경험한 끝에 오늘날의 디즈니랜드를 설립했다.

《뿌리》의 저자 알렉스 헤일리는 원고를 들고 4년 동안 출판사를 찾아다녔다.

실패보다는 그 다음의 깨달음이 중요하다. 그것을 통해 전진하여 나아가느냐, 두려움 속에 갇히느냐의 차이다. 깨달음을 얻어 나아간다면 실패는 촉매제가 된다. 경험한 만큼 상황을 반전시킬 수 있는 노하우인 것이다. 우리는 맨 처음 해본 것들은 딱히 성공이라고 부를 수 없다. 하지만 그 자체로 의미가 있다.

하나의 업종에는 다양한 형태의 업태가 있다. 불특정 다수, 불특정 소수, 특정 다수, 특정 소수 등을 접해 봐야 하는 이유는 에너지를 어디에 쓰는 것이 적합한지 알 수 있기 때문이다. 그것은 실패로부터 아는 것들이다. 처음 해본 강의, 처음 써본 책, 처음 해본 컨설팅, 처음 해본 코칭 등 처음에는 낯설고 완전하지 않지만 그렇기에 나아갈 방향도 찾아진다. 자신에 대해 보다 잘 알게 되는 것이다.

나는 죽을 때까지 성장하여 원하는 인생을 사는 것을 성공이라고 생각한다. 돈의 액수, 어느 지위까지 오르는 것, 이름이 나는 것, 권력에 대한 욕망만을 성공이라고 한다면 나머지는 모두 실패한 인생이 되고 만다. 고정관념대로 성공을 정의하는 순간 그 안에 들지 못하는 사람은 루저인 것이다. 그렇기에 각자 성공을 재정의해야 한다. 세상에 편집 당하기 전에 나만의 개념정의로 세상을 편집할 수 있다.

나만의 각주가 없다면 세상에 편집 당한다. 그렇기 때문에 성공에 대한 기준부터 확실하게 해둘 필요가 있다. 기준이 확실하지 않으면 자신만 불행한 것 같고, 자신만 열등한 것 같다. 비교의 잣대는 외부 욕망에 끊임없이 나를 맞추기 때문에 소중한 에너지를 빼앗는다.

때문에 나만의 각주를 만든다. 현재 상황에 대한 개념정리가 필요하다. 그리고 상황이 달라질 때마다 개념부터 정리한다. 한 번 정한 개념이 항구적인 것이 아니다. 상황에 따라 개념은 달라질 수 있다. 삶의 개념이 정해지면 물론 편집력도 달라진다. 세상을 보는 창(窓)이 A이면 정보나 자료, 의견, 시각에 대한 편집이 A로 모아진다. 중요한 것은 나만의 각주가 없다면 세상의 고정관념에 편집 당한다는 것이다.

취사선택의
기준은
콘셉트에
있다

CAUTION
HOT!

Premium Roast Co

Milk/Lait   Tea/Th

편집은 먼저 콘셉트가 정해져야 한다. 당신 인생의 콘셉트는 무엇인가.

삶의 콘셉트가 정해지면 그외 것은 중요순위에서 배제된다. 하위개념이 된다. 새로운 배치에 따라 자리바꿈이 일어나는데 이것은 편집에서 중요한 요소이다. 콘셉트가 정해지지 않는다면 온갖 것들이 급하고 중요하다고 들어설 것이다.

사람은 편집적일 수밖에 없다. 그 이유는 물리적으로 제한적이고 시간 때문이다. 제대로 하려면 어느 것 하나도 중요하지 않은 것이 없다. 이래서 삶에는 콘셉트를 정할 이유가 충분하다. 키워드에 따른 일정한 방향성이라고 볼 수 있다. 여기에서는 멀티 플레이어를 제외하자. 모두 다 잘하는 사람은 간혹 만나지만, 대중성 있는 것은 아니다.

레오나르도 다빈치 같은 멀티 플레이어형이 아니라면 우리의 에너지와 시간은 유효하기 때문에 욕심만큼 해낼 수 없다. 재능 역시 다재다능이 아니다. 그것부터 인정하고 자각한다. 하지만 누구나 특별함을 인정받을 수 있다. 얼마든지 자신의 분야에서 장인정신을 인정받을 수 있다. 그리고 각자 분야에서 성공을 거둘 수 있다.

김경인 대표는 '공간'이라는 키워드로 세상에 자신의 꿈을 실현한다. 공간이라는 의미 부여를 새롭게 해나가는데,《공간이 아이를 바꾼다》는 책도 그러한 의미에서 출간되었다. 아이들에게 미치는 공간의 중요성을 깨닫고, '문화로 행복한 학교 만들기' 프로젝트다.

아이들은 감성적으로 가장 예민한 시기를 학교에서 산다. 정서적으로 중요한 유년기와 청소년기에 하루 24시간 중 평균 10시간 이상을 지낸다. 여기에서 사회화가 시작되는데 주요한 가치관, 창의력, 상상력이 학교에서 키워진다. '무엇을 배우는가'도 중요하지만 자존감을 갖춘 하나의 인격체로서 자라려면 아이들에게 무엇보다 중요한 것은 '무엇을 경험하는가'이다.

아이들이 '자기 자신'으로 온전히 크기 위해서는 학교가 다양한 기회를 제공하는 공간이어야 한다는 것이다. 개성을 꽃피울 수 있는 경험을 제공해줘야 하는데, 이러한 입장에서 김 대표는 "공간은 교육도 바꿀 수 있다."고 했다. 매일 우리는 수많은 공간들 속에서 생활한다. 담는 그릇에 따라 물의 모양이 바뀌듯이 사람 역시 공간에 따라 모습이 달라진다. 공간이란 인간의 삶을 담는 그릇이기 때문이다.

아인슈타인은 노년에 써내려 간 자서전에서 '교육이란 학교에서 강제로 배운 것을 모두 잊어버린 후에 자기 속에 남는 것을 말합니다.'라고 했다. 즉, 일생을 통해 스스로 자기가 어떤 사람인지 알아가고 자신을 성장시키는 것이야말로 진짜 공부라는 것이다.

그런 의미에서 김 대표는 아이들이 개성과 창의성을 발휘할 수 있게 교육이 도와주어야 한다는 의견이다. 인생을 살아가는 데 필요한 품성과 역량을 서로 나누면서 성장하는 곳이 학교라는 의미다.

"어떤 건물을 만든다는 것은, 어떤 인생을 만들어내는 일이라네."라는 칸의 말처럼 아이를 변화시키는 기적을 꿈꾼다면 아이들에게 어떤 공간을 만들어줘야 하는지 먼저 생각하는 어른이어야 한다는 것이다.

공간이 바뀌어야 아이들도 변한다. 김 대표는 모든 학교 건물과 교실이 똑같이 네모 모양에서 시작하여 학교가 '공부만 하는 공간'이 된다면 경쟁과 약육강식의 정글이 될 수밖에 없다고 생각했다. 그래서 공간 개혁이 수반되지 않는 교육 개혁은 반쪽짜리 개혁에 불과하다고 강조한다.

김 대표는 그래서 오늘도 불철주야 공간을 바꾸는 일에 사명을 다한다. 아름다운 공간이 아이들의 마음을 아름답게 할 수 있다는 믿음 하나만으로 뛰어든 일이다. 다행히 많은 사람들의 관심과 참여가 삭막한 학교 공간에 문화의 옷을 입히게 했다.

'가고 싶고, 머물고 싶은, 즐거운 학교'

그는 아이들의 꿈을 키우는 공간으로 정착되기를 꿈꾸며 오늘도 공간에 대한 편집력을 발휘한다. 콘셉트는 선택과 집중에 대한 것이다. 어느 한 분야를 자세히 알리면, 그에 비례하는 시간 투자를 늘려야 한다. 들인 시간만큼 깊이가 생긴다. 더 깊이 연구하면서 간다. 그러면 거의 동물적인 감각이 몸에 밴다. 그렇게 달인이 되어 간다. 지금 자신의 분야에서 대가인 사람들은 그런 과정을 거친 사람들이다.

나도 한때 눈만 뜨면 어느 사물을 대하든 편집했다. 상황이나 개념, 가치관에 따른 편집이었다. 즉각적으로 내 것과 아닌 것에 대한 구분이 확실했기 때문에 시간은 절약되는 셈이었다. 지금도 의식하지 않아도 이런 편집이 배어 있다. 직업병이다. 어느 것을 대하든 다음의 순서와 같다.

첫째, 나만의 각주를 단다.

둘째, 콘셉트를 떠올린다.

셋째, 분류한다.

넷째, 목차를 정한다.

이러한 순서로 거의 많은 일을 대한다. 어떠한 일도 깊이 들어가면 곁에서 보는 것과 달리 할 일, 알아야 할 것들이 넘친다. 김경인 대표는 그것을 이렇게 말했다.

"한 도시를 디자인하려면 예술, 문화, 사회, 공간, 특성, 역사, 스토리, 시사, 경제, 정치 등 다양한 것들에 대한 공부가 되어야 한다. 한 분야라고 하여 간단한 것이 아니다. 개인에게 소우주가 있듯이 한 분야는 모든 것들과 맥락이 닿는다."

장인정신 정도는 가져야 다른 분야와도 연결된다. 줄 것이 있어야 받을 것도 있다. 내 분야의 대가가 아닌데 다른 분야의 대가가 나와 손잡을 리 없다. 당신을 특별하게 만들 콘셉트는 무엇인가. 강점을 살려 잘할 수 있는 콘셉트는 누구에게나 있다. 그 분야에 10년, 20년, 30년 이상의 시간과 정성을 들인다.

주변 사람들에게 현재의 자신을 보지 말고 미래의 자신을 볼 수 있게 하라. 기대감을 갖게 하라. 이것이 나이 들어 잘 나가는 사람들의 특징이다. 나이와 비례하여 점점 기대되는 인생이 되는 것이다.

71세에 패션계를 다시 평정한 코코 샤넬, 61세에 〈사이코〉를 찍은 알프레드 히치콕, 60세에 《레 미제라블》을 발표한 빅토르 위고, 62세에 태양계의 구성을 재정립한 니콜라우스 코페르니쿠스, 58세에 《돈키호테》를 쓴 미구엘 데 세르반테스, 55세에 코카콜라를 만든 존 펨버턴, 72세에 아파르트헤이트에 종지부를 찍은 넬슨 만델라, 91세에 구겐하임 미술관을 완성한 프랭크 로이드 라이트, 76세에 〈수련〉 연작을 그린 클로드 모네, 54세에 〈모나리자〉를 그린 레오나르도 다빈치, 55세에 인쇄술을 발명한 요하네스 구텐베르크, 62세에 광견병 백신을 발견한 루이 파스퇴르, 68세에 〈대성당〉을 조각한 오귀스트 로댕…….

　이들은 나이와 상관없이 삶에 콘셉트가 있었던 사람들이다. 인생은 길이에 있지 않고 삶의 콘셉트에 있다. 하루아침에 무엇이 발명되거나 거장이 되지 않았다. 긴 시간 동안 스스로의 인생을 명품으로 만든 사람들인 것이다. 편집은 먼저 콘셉트가 정해져야 한다. 우리가 살아가는 이유는 신이 부여한 소명을 찾기 위함이다. 신의 뜻조차 교감하고 살지 않는다면 나이 들수록 존재론적으로 살기 어렵다.
　과거에 비해 노후가 길어졌다. 아직 과도기여서 노후에 대한 새로운 프레임도 제대로 없다. 뉴스에서 나이 곱하기 0.8을 해야 한다는 말이 종종 들린다. 요즘 나이는 그래야 한다는 것이다. 54세에 〈모나리자〉를 그린 레오나르도 다빈치처럼, 55세에 인쇄술을 발명한 요하네스 구텐베르크처럼 한 길에서 승부를 걸어라. 그리하여 명품 인생을 만들어라. 삶의 콘셉트에 바친 열정만큼 빛을 발할 것이다. 자체 발광하라.

버릴 것과
취할 것을
구분하라

이 시대에는 영혼이 없는 사람이 넘쳐난다. 영혼 없는 만남, 영혼 없는 목소리, 영혼 없는 행동……. 영혼 없는 것들을 모두 정리할 때 비로소 주변에 개념 있는, 영혼 있는 사람들로 대체될 것이다. 먼저 나의 말 한 마디, 나의 행동, 나의 일, 나의 역할에 영혼을 싣는다. 남 탓 할 일은 아니다. 내가 진정성 있으면 주위에도 진정성 있는 사람이 모여든다.

내가 먼저 행복해야 행복 에너지의 작용력을 높여줄 수 있는 사람을 만난다. 그 반대 에너지를 거부하는 것이다. 우리는 의식의 수준만큼 주변 사람들을 만날 수 있다. 내 의식수준이 10이면 10을, 8이면 8을 만난다.

《행운을 끌어당기는 관계론의 비밀》의 저자 백승헌은 한 개인의 꿈이 실현되기까지는 여러 가지 요소가 고르게 배합되어야 한다고 했다. 행운의 주체는 기본적으로 에너지이지만 행운을 이끌어내는 것은 관계론이라는 점이다. 자신의 에너지 수준과 관계론이 결합될 때 비로소 행운을 끌어당기는 에너지가 형성된다는 것이다.

관계론의 대상을 선택할 때 가장 먼저 고려해야 할 사항은 그 사람이 당신에게 행복 에너지의 작용력을 높여 주느냐다. 행복 에너지가 높은 사람일수록 에너지 교류가 더 강하게 일어난다. 행복 에너지를 높일 수 있는 관계론의 대상을 선택할 때는 다음의 4가지 법칙을 고려하라고 말한다.

첫째, 코드가 맞는지 점검한다. 이왕이면 낙관론자이면서 자신보다 장점이 많고 평균 이상의 능력을 갖춘 사람을 찾는다.

둘째, 대상 자격 기준을 엄격하게 적용한다. 사회적 관계론의 대상을 물색하기 위해서는 교육 수준, 업무 능력, 의사소통 능력, 열정, 에너지 수준 등의 자격 기준을 미리 정해놓는다. 오랫동안 변치 않고 서로 '윈윈'할 수 있는 대상을 선택한다.

셋째, 검증 시간을 충분히 공유한 관계론 속에서 찾는다.

넷째, 많은 사람에게 물어보고 신중히 검토한다.

무엇보다 내가 먼저 의미로 다가가야 상대에게 나란 존재도 부각된다. 지금 비록 가진 것 없다고 하더라도 분명 자신의 위치에서 할 수 있는 역할이 있다. 이것을 놓치면 안 된다. 일에서, 현재 자리에서부터 확실한 사람으로 인증샷을 날린다. 좋은 관계는 내 역할에 있어 최선을 다하는 일부터 시작된다.

내 좋은 에너지가 비슷한 에너지를 끌어들인다. 오랫동안 변치 않고 서로 '윈윈'할 수 있는 대상을 선택하는 것도 모두 나의 에너지에서 나온다. 긍정적으로 좋은 에너지를 써야 이것이 선순환된다. 스스로 에너지의 차원을 높일 필요성이 있는 것은 행복 에너지가 높은 사람일수록 에너지 교류가 더 강하게 일어나기 때문이다.

우리는 법등명 자등명(法燈明 自燈明)하는 사람에게 믿음이 간다. 자신을 등불로 삼고 가는 사람이다. 이런 사람에게는 신념의 향기가 난다. 스스로 길을 만드는 사람이기에 자신의 의지만으로도 어둠을 밝힐 수 있다. 비전이 있기 때문이다. 그들은 편집력에서 나오는 노하우로 버릴 것과 취할 것을 빠르게 구분한다.

　가수 마돈나의 인생은 음악으로 편집된 인생이다. '나이'를 잊은 채 특유의 노출 패션을 선보이며 지금도 열심이다. 우리는 한 세대에 걸쳐 대중문화계를 완벽히 지배한 전무후무한 아티스트라는 시선으로 그녀를 바라본다. 그녀만큼 오랜 시간 활동하면서 젊은 팬들의 시선을 사로잡는 가수도 드물었다. 1980년대, 1990년대, 2000년대의 마돈나 음악은 늘 젊은 층에서 환호를 받는다.

　그녀는 늘 현재 진행형이다. 한 세대가 흘러갔는데도 인기가 여전하다. 생물학적 나이는 50대지만 활약상은 20대다. 급변하는 팝계에서 어떻게 오랫동안 정상을 지킬 수 있었을까. 대중들이 어떤 음악을 원하는지, 세상이 어떻게 변하는지에 맞춰 늘 자신을 변신시키기 때문이다. 다양한 장르를 변화무쌍하게 넘나든다. 일부에서는 상업성과 선정성이라고 비판하지만 그런 비판조차 인기를 유지하는 요인이다. 대중의 기호를 선도하는 일거수일투족은 세상의 관심사다. 그녀의 음악은 직설적이고 선동적인데, 노래들은 현대사회가 안고 있는 다양한 문제들과 부조리에 대한 통렬한 메시지를 담고 있다.

　잠깐 인기는 얻을 수 있다. 하지만 오래도록 인기를 얻는 것은 한 길에 대한 내공 때문이다. 한 길에 대한 장인정신 없이는 불가능하다. 평생 현역을 스스로 일궈서 만든 셈이다. 즐길 수 있는 분야이기에 오랫동안 즐겁게 왔을 것이다.

　"평생직업에 대해 생각해봤나요?"

나는 20대들과의 강의에서 묻는다. 모두 가고자 하는 직장만 있고 정작 평생직업에 대해서는 개념이 없다. 생각 안 해봤다는 취업생이 많다. 직장은 있고 업(業)은 없는 것이 대다수 20대들의 현실이다. 연봉 높고 누구나 선호하는 안정된 직장만을 먼저 생각한다.

검색어 순위에는 관심 많으면서 정작 자신의 평생직업에 대해서는 탐색이 없다. 온갖 시시껄렁한 이슈에는 죄다 귀 모으면서도 정작 중요한 평생직업에 대해서는 열정을 보이지 않는다. 이것은 인생 무개념이다. '평생직업=인생 콘셉트'라고 했을 때 정말 흩어지는 시간을 사는 셈이다.

평생직업이 없다는 것은 인생을 길게 보는 안목이 없다는 뜻이다. 평생직업은 나이 들수록 진가를 발휘한다. 직장만을 보고 가면 그곳을 나오거나 은퇴했을 경우 소속감이 없어져 존재감이 사라진다. 대부분 '직장=인생'으로 개념정리하게 되면 조직을 나왔을 경우 순간적으로 삶에 대한 통제력을 발휘할 수 없게 된다.

평생직업은 시간이 흐르면 흐른 대로 자신의 분야에서 진면목을 발휘할 수 있게 하는 인생 포트폴리오다. 이것의 계발에 따라 인생이 달라지는 것은 편집력이 달라지기 때문이다. 1년차 정보와 10년차 정보는 같지 않다. 이것이 직장보다 평생직업 개념이 먼저여야 하는 이유다. 정보에 대한 편집력은 물론 자기계발의 내공도 다를 터이다.

어떻게 자기계발을 할 것인가는 시대의 중요한 화두다. 빈 껍질의 자기계발도 많다. 생색내기나 일회성 자기계발은 의미가 없다. 수많은 자격증도 이 책에서 말하고 싶은 것과 거리가 멀다. 전시성으로 외국어를 잘하는 것이나 몸매 가꾸는 것을 말하지 않는다. 그런 것들은 부차적이다.

여기에서의 편집력은 키워드에 따른 버릴 것과 취할 것이 명확해야한다는 것을 말한다. 외부 욕망이 아니라 내부 욕망에 충실할 것을 말한다. 정리 안 된 사람은 버릴 것과 취할 것을 구분하지 못한다. 너저분하게정리 안 된 일상의 모든 것은 그 사람의 성격을 말한다. 깔끔 떨라는 말이아니다. 그것 역시 외향적으로 치우치는 삶일 수 있다. 인생의 본질에 충실하라는 이야기다.

인생의 본질은 무엇인가.

타고난 저마다의 의미를 찾는 일이다. 이것이 인생에 대한 예의다. 그렇다면 '내 것'과 '내 것 아닌 것'에 대한 가름은 할 수 있어야 한다. 혼돈,카오스, 정리 안 된 상태, 유보, 답보, 정지 등 상태가 인생의 발목을 잡기때문이다. 진도를 나갈 수 없게 만든다.

멈추어서 깨달을 시간이 필요하다. 혼자만의 명상을 통하여 자아와소통한다. 불명확하다면 더 그러해야 한다. 불확실한 사람일수록 더 바쁜 것은 욕심으로 살기 때문이다. 편집력에서부터 버릴 것과 취할 것이나올 수 있다. 매일 일상에서 편집력을 발휘하라. 추가나 삭제버튼으로부터 치유를 얻을 수 있다.

상위개념,
하위개념의
층위를
알라

"., ! ? ' ' " " ......"

　살아가는 일은 위의 부호 안에서 거의 소통된다. 세상을 텍스트라고 본다면 말이다. 즉 언어영역의 연장인 셈이다. 사람은 각자 섬이다. 사람 사이의 소통은 부호로 연결된다. 읽어내고 파악하고 연결하고 의미 짓고 하는 일이다. 현재 상황에 마침표를 찍어야 할지, 쉼표를 들여놓아야 할지, 느낌표가 필요한지, 생각부호가 있어야 하는 건지, 대화가 필요한 건지…….

　세상이 글자 없는 책이라는 것은 문학작품이라는 말과 같은 맥락이다. 문학이 인생을 표현한 것처럼 삶 역시 책과 연동된다. 한 사람의 인생은 하나의 책이다. 주인공이 태어나고 유년 시절을 보내고 학창시절이라는 청년기를 거쳐 취업하고 결혼하고 일하고 아이 낳고 결혼시키고 나이 든다.

　여기에는 사건이 있고 사건을 해결하는 과정이 나오고, 중간에 매듭 지어지고 또 새로운 과정이 시작된다. 우리가 텍스트에서 읽었던 삶이 지금의 내 삶이다. 언어영역 문제에서 주인공의 마음을 질문했고, 어떤 갈등인가를 질문했고, 사건의 핵심을 질문했고, 결론을 질문했었다. 이것이 언어영역 시험이었다. 결국 문학은 갈등을 통해 주제가 파생된다는 것을 배웠다.

　인생 역시 갈등으로부터 메세지가 있다. 그 안에서 제대로 질문하고 제대로 답을 풀어나가는 과정이다. 그래서 인생은 학벌, 배경, 돈, 미모의 문제가 아니라 나에게 온 질문지를 정직하게 풀면서 수정하고 나아가는 한 권의 책이다. 정답 없는 주관식 문제인 것이다. 인생에 객관식 정답이란 없다. 답을 찾는 것이 아니라 자아를 찾아가는 과정이기 때문이다.

내가 아는 분은 그의 아들이 고시공부를 하고자 했지만 극구 말렸다. 그 이유는 간단했다. 사람들에게 죄를 심판하거나 형량 내리는 일을 한다면 나이 들어 그러한 일생에 대해 번뇌하리라 미리 생각한 것이다. 죄지은 사람들에 대한 판단이 무슨 문제가 있을 거냐고 반문할지 몰라도 그것 역시 업장을 만든다는 판단에서였다.

해석 능력에 따라 인생의 문제를 풀어나가는 기준도 달라진다. 일류대를 나온 것이 중요한 것이 아니라 삶에서 관계되는 것들을 잘 읽어내는 독해능력이 필요한 것이 삶이라는 텍스트다. 인생이 한 권의 책이라면 주인공인 나를 먼저 파악해야 명답을 찾을 수 있다. 좀 객관성 있게 나를 보는 일이 선행되어야 하는데, 1인칭 시점으로만 봤을 때와 3인칭 시점으로 볼 때는 객관성이 다르다.

"남아라."라든가 "떠나라."는 말도 스스로에게 할 수 있다. 주변 환경이 더 또렷하게 보이고 헝클어진 관계도 잘 드러난다. 우리가 독서할 때 주인공에 감정 이입하던 것을 자신에게 투사해본다면 스스로에게 할 말이 생긴다. 객관적으로 자신을 바라본다면 우리는 더 깨어 있을 수 있다.

이렇게 문학작품 속 주인공처럼 나를 대입해볼 수 있다면 무엇보다 인생의 상위개념, 하위개념이라는 층위를 더 잘 구분할 수 있다. 상황이 명료해지기 때문이다. 무엇보다 상황을 명료하게 하기 위해 현재 상황을 텍스트로 치환해보는 작업도 의미 있다.

다중지능검사를 할 때 가장 먼저 보는 것이 내면지능이다. 자기이해지능 또는 자아성찰지능이라고 불리는데 이게 높으면 인생에서 기회를 만날 때 운명이 꽃 핀다. 항상 중요순위에 집중한 상태로 살기 때문에 기회와 잘 연결된다. 자아의 내부와 외부를 잘 연결하는 지능이다. 외부를 통해 현재 좌표에서 어떤 역할을 할지 준비 상태로 살아가게 한다.

삶에서 중요순위를 알면 필요한 일과 불필요한 일의 구분이 명확해진다. 삶에 잡기가 많아지면 몸만 바쁜 인생이 된다. 바쁜 것이 결코 잘 사는 것은 아니다. 유행하는 것도 해봐야겠고, 남들 하는 것도 해야겠고, 놀 것은 놀아야 안 억울할 것 같고, 정보도 들어야 손해 안 보는 것 같고⋯⋯. 이런 잡다한 것들 속에서 어떻게 중요순위를 추릴 것인가.

인생의 콘셉트 없이는 우선순위도 추려지지 않는다. '어떻게 살고 싶은가' 하는 것이 삶의 콘셉트가 된다. 타인에게 자신의 할 일을 묻는 것은 바람직하지 않다. 타인과 나는 삶의 방향이 다르다. 같은 은행원이라고 하여도, 같은 교사라고 하여도, 같은 대기업을 다니더라도, 같은 작가라고 하여도, 같은 강사라고 해도 궁극적으로 가야 할 길은 다르다. 가야 할 길은 자신이 무엇보다 잘 안다. 자아소통이 먼저다.

학생, 직장인, 주부, 남편, 자녀, 부모 등 자신의 현재 좌표에서 인생 총론이 나와야 각론도 추려낼 수 있다. 어떤 인생을 살고 싶은가, 전체적인 방향이 나와야 오늘 할 일도 생긴다. 이것이 없다면 자꾸 남에게 의존하는 따라쟁이의 삶이 된다. 평생 따라쟁이만 하다 끝난다. 좋아 보이는 것들이 인생을 목표도 없이 이리저리 끌고 다닌다.

오늘의 시간을 밀도 높게 쓰는 것은 자신의 역할을 알고 난 다음이다. 그래야 상위개념의 편집력도 발휘된다. 한 분야에서 정점을 찍는 일이야말로 삶의 콘셉트에 충실했다는 반증이다. 방향성 없이는 누군가에게 끌려가는 삶이 된다. 한 분야에서 정점을 찍으며 일가(一家)를 이룬 사람들은 고독한 길을 걸어간 사람들이다. 따라쟁이가 아니라 자신의 철학에 따라 하위개념을 실천했던 사람들이다.

살면서 종종 상위개념과 하위개념이 뒤바뀐 경우를 만난다. 본질은 놔두고 비본질에 열을 올린다든가 중요한 일은 놔두고 긴급순위에 더 할애한다든가 하는 것들이다. 다른 사람은 정말 객관적으로 잘 보이지만 정작 자신은 시간 관리로부터 자유롭지 못한 것이다.

나 역시 이러한 상위개념과 하위개념의 충돌로부터 자유롭지 못하다. 그래서 수시로 명상을 한다. 지식의 생산자이기 전에 지식의 소비자로서 마구 섭생하는 편이라 중요한 것은 하지 못한 채 호기심에 이끌려 지식 소비를 해대기도 한다.

정작 중요한 일에 에너지를 쓰지 못한다면 필요할 때 쓸 에너지는 고갈된다. 자주 이러한 일을 경험한다. 의식적이어도 그러한데 의식하지 않고 산다면 더할 것이다. 호기심 때문에, 타인의 부탁이어서, 정말 긴급하여서, 곁눈질로, 비본질에 휩싸여서, 팀워크이기 때문에, 사람 살아가는 세상이기 때문에 하는 모든 행위로 인해 중요순위가 밀려난다.

인생에는 반드시 상위개념, 하위개념이 존재한다. 상위, 하위를 바꾸는 일만으로 삶의 풍경은 달라진다. 마찬가지로 30대 할 일과 40대 할 일은 다르다. 반드시 먼저 해야 할 일이 있고 나중에 할 일이 있다. 그 구분이 시간을 벌게 한다.

스스로 하나의 세계를 닫고 하나의 세계를 여는 사람은 주체적이다. 하나의 문이 닫히기 전에 스스로가 다른 문을 연다. 인생을 주체적으로 사는 사람은 문 닫을 시기를 주인의식으로 결정한다. 삶에 통제력을 발휘하기 때문이다. 주인의식이 없으면 타자가 내 인생의 주인이 된다. 새로운 문을 여는 것은 주인으로서 의무다. 하물며 닫힌 문 앞에서 오래도록 미련 두는 것이야말로 종의 의식이다.

나는 무엇에 살아 있음을 느끼는가. 우리는 누구나 좀 더 의미 있는 인생을 살기 원한다. 자신의 삶에서 특별한 목적을 찾고 싶어 한다. 부모 노릇에 대한 개념 정리가 아이의 나이에 따라 그때그때 달라지는 것처럼 상황도 수시로 바뀐다. 물론 그에 따른 역할도 달라진다. 예를 들면 부모는 7살까지는 양육, 7살부터 12살까지는 격려자 그리고 13살부터 20살까지는 상담자, 마지막 20살부터 40살까지는 인생에서 동반자가 되어야 하는 것처럼 말이다.

콘셉트에 따른 상위개념이나 하위개념이 구분되어야만 현재를 놓치지 않는다. 그렇지 않다면 불필요하게 낭비되는 시간이 많아진다. 어영부영하다 40대가 되고 50대가 되고 만다. 대한민국 땅은 반도의 기질 때문에 열심히는 살지만 정작 덜 중요한 곳에 에너지를 쏟기 쉽다. 인적자원 낭비, 에너지의 낭비다.

편집력은 이러한 상위개념과 하위개념을 구분하게 해준다. 편집을 1년만 학습해보라. 삶이 훨씬 심플해진다. 그리고 일상에 Yes와 No가 분명해진다.

레이아웃에는
조화와
균형을
갖춘다

책이 즐비하게 놓인 서점에 가면 풍만함을 느낀다. 지적인 공기를 흠뻑 들이마실 수 있기 때문이다. 제목 하나에도, 책의 콘셉트 하나에도 신선함이 내게 들어올 것이다. 이것은 일상을 쉬어가기 위한 여백이다. 여백이 없다면 일상은 쳇바퀴로 흐를 가능성이 높다. 레이아웃에도 여백의 미가 중요하다. 그래야 가독성이 높아진다. 여백 없이는 활자도 제대로 읽히지 않는다.

머리가 복잡할 땐 드라이브를 하면 마음 정리하기에 좋다. 음악을 틀고 자유롭게 생각을 풀어놓고 목적지 없이 운전하다 보면 생각은 어느 정도 정리된다. 음악에 맞춰 몸도 흔들고 신호에 걸리면 주위 풍경을 둘러보면서 메모하다 보면 일단 마음은 차분해진다. 여기에 음악이 힐링의 도구가 되기 때문일 것이다.

더 시간이 나면 영화를 본다. 푹 파묻혀 보는 영화는 현실을 잊게 만든다. 가끔 현실에서 이탈하고 싶을 때가 있기 때문이다. 어린 시절 읽었던 안데르센 동화가 국적 불명의 기시감을 주는 것처럼 유럽이나 할리우드 영화를 보면 국적을 잊는다. 조선시대보다 할리우드나 유럽 문화가 가깝다는 인상도 받는다. 개인적으로 뤽 베송 감독의 〈루시〉는 최고의 영화였다.

바쁘기에 혼자 보낼 수 있는 시간을 사랑한다. 혼자 있는 시간에 즐거움을 느끼지 못한다면 사람이 많아도 허무할 것이다. 타인이 나를 행복하게 해줄 거라는 착각은 빨리 버릴수록 좋다. 고요히 생각 정리할 시간이 없다면 삶은 영적 소통을 할 수 없다. 물론 신과의 교감을 포함해서 말이다.

분주함 속에서는 영적 채널이 사라진다. 일상에서 어느 시간을 떼어 명상하는 사람이 있는 반면 명상이 생활화된 사람도 있다. 이들은 일상에서 수시로 명상한다. 자신과 즐겨 대화를 나눈다. 혼자 영화 보고, 혼자 밥 먹고, 혼자 커피 마시고, 혼자 책 보고…… 이런 일상에 조용한 명상이 깃든다. 스스로 Q&A 하면서 내면을 응시하는 것이다.

때로 '시련'과 '역경'이라는 파도에 휩쓸리면 나도 모르게 의기소침해지거나 마치 세상이 리스크만 가득한 것같아 두려움이 깃든다. 하지만 그때마저 스스로 질문하고 답하기를 하면 어느 정도 실마리를 잡을 수 있다. 그동안 축적된 경험이나 정보가 있기 때문이다. 결국 나와 전혀 상관없는 일은 일어나지 않는다. 문제의 원인은 대부분 자신으로 인해 비롯된 경우가 많다. 그래서 삶은 문제보다 대응방식이 중요하다.

고요한 시간을 놓치면 영적인 소통을 할 수 없다. 일부러 혼자만의 시간을 가져야 하는 이유다. 이것이 조화와 균형이다. 왜? 휩쓸리지 않기 위해서다. 상황에 대한 객관성을 갖기 위해서다.

휴식은 곧 충전이다. 어떤 사람들에게? 자기혁명을 한 사람들에 한해서다. 크로노스 시간에서 카이로스 시간으로 전환된 사람들에게 있어 휴식은 바로 충전이다.

삶이 아무리 볼품없어도 행복할 요소들은 주변에 있다. 단순하게 살수록 작은 일에도 감동할 수 있다. 자극적이거나 이벤트만을 원하지 않는다면 말이다. 행복을 느끼지 못하는 많은 이유는 외부 초점 때문이다. 꿈을 발견하고 자아를 발견하면 들뜨거나 신난다. 하지만 외부에 초점을 맞추면 항상 자신이 부족해 보인다. 만족이 없다. 그리고 외부의 변화무쌍에 늘 마음 졸여야 한다. 자꾸만 내 것이 아닌 것들, 멀리 있는 파랑새에게만 마음 주기 때문에 정작 중요한 초점을 맞추지 못한다.

무엇이 나를 행복하게 만들까. 무엇이 나의 자존감을 높일까. 스스로 묻고 답하면 알 수 있다. 그 대답을 자신은 알고 있다. 물질적 행복, 왁자지껄한 사람들 무리 속에서만 행복을 찾으려고 해서는 곤란하다. 그것은 외부에 이끌리는 삶이다.

외부를 차단하고 내부에 초점 맞추면 우리는 당장 행복할 수 있다. 꿈을 향해 가는 일에서 최선을 다하면 행복하다. 최선의 최선이거나 차선의 최선도 좋다. 새날을 백지로 받아들이면 하루의 설계가 즐겁다. 하루면 많은 시간이다. 성장한 만큼 즐거운 것은 알아감이나 깨우침 때문이다. 평생 학습하고 살 것이므로 점점 나아짐, 점점 성장함, 점점 성취함은 즐거운 일이다.

'25-55'라는 말은 인생주기를 말한다. 25살과 55살이 같은 취업 일선에 서는 생애주기라는 해석이다. 25-55에 다시 인생 초안을 짜야 한다는데, 나는 30-50-80으로 말해왔다. 30살까지는 천직으로 편집력을 발휘하고, 50살에는 한 분야 편집력으로 노후 파이프라인을 만들고, 80살까지는 현역으로 가자는 것이다. 기존 패러다임과는 다르다.

인생은 하나의 방향으로 흐르는 게 좋다. 번잡하게 이것저것 다 챙겨들고 갈 수 없다. 자신의 삶을 어느 방향으로 가져가느냐에 따라 인생은 누적되거나 소모된다. 콘셉트가 나오지 않은 상태에서는 무엇을 소유하고, 무엇을 버릴지 몰라 소모되는 삶을 살 확률이 높다. 잡동사니 생활은 나이 들면 빨라지는 시간을 더욱 빠르게 한다. 일주일이 어떻게 지나가는지, 한 달, 일 년이 어떻게 지나가는지 속도에 대한 체감을 없앤다.

개성이 강하다면 이러한 선택과 집중에 유리하다. 싫고 좋음이 분명하기에 아닌 것에 대해 단호하게 "NO!"라고 할 수 있다. 대부분의 사람들이 욕심 때문에 "NO!"라고 하지 않는다. 그래서 소탐대실 인생이 된다. 버릴 것을 못 정하기 때문에 그만큼 삶에 많은 발목이 잡혀 있다. 호불호가 확실한 사람은 필요 이상 욕심 내지 않는 사람이다.

레이아웃은 통일성이다. 조화와 균형을 갖춘다. 에스닉, 큐티, 시크, 고전적, 모던, 아방가르드, 리좀 등 여러 종류의 스타일이 있다. 빈티지와 럭셔리를 같이 섞을 수는 없다. 이 색깔도 저 색깔도 아닌 모호하다. 자신만의 색깔이 없는 것이다. 편집력과는 거리가 있다.

어떤 레이아웃으로 살고 싶은가. 키워드에 따라 어느 하나의 것으로 통일성을 갖춘다. 그리고 전체 레이아웃을 생각하면서 지나치거나 모자란 구석 없이 조화와 균형을 이룬다. 쉼도, 일도, 사랑도, 가족도, 지인도, 우정도, 정신도, 정서도, 몸도 적절하게 균형을 갖춘다. 조화와 균형은 말은 쉽지만 주관적이다. 호불호가 분명한 스스로의 선택이다.

스스로 자신이 어디에 치우쳐 있는지 또는 덜 균형적인지 알기란 어렵다. 강점은 더 추진력 있게, 단점은 보완하여 리스크를 예방한다. 그러기 위해서는 넘치는 것은 잘라내고 부족한 것은 채워 넣는다. 전체적인 중심이 필요하다. 그래야만 취사선택에서 판단력이 빨라진다. 넘치지도,

부족하지도 않게 살아간다는 것은 명상을 통해서 가능하다.

　일기 쓰기도 좋다. 일기를 쓰면 자신과 객관적으로 만날 수 있다. 조용한 시간에 객관적인 나와 만난다. 우리는 생각이 정리되지 않으면 글이라는 것을 쓸 수 없다. 다행히 일기를 통해 조화와 균형에 도달할 수 있다. 과거, 현재, 미래에 일관성을 갖게 하는 것도 일기를 통해서다. 성찰과 함께 삶에 조화와 균형을 들여놓을 수 있다.

유사
콘셉트로
임팩트를
준다

한 가지 콘셉트에 충돌적인 콘셉트가 섞이면 추진력에 저항이 된다. 유사한 것들로 이루어질 때 세력도 생기고 힘을 받을 수 있다. 파동의 법칙처럼 사물은 같은 것을 불러 모은다. 파동의 법칙은 모든 것이 나로부터 시작한다. 지금의 환경은 내가 불러들인 것이다. 내 삶에 초대한 것들이 오늘날 나를 이룬다. 지금까지 선택이 곧 나인 것이다.

유사 콘셉트라는 것은 주변으로 키워드가 확대된 것들이다. 퍼플오션이라는 것도 기존의 것에 차별화를 주었을 경우인데, 즉 진화인 셈이다. 비슷한 맥락을 찾아 나가는 길은 인생 여정에 힘을 줄 뿐더러 40대 이후 제너럴리스트로 나아가는 방법이다. 그동안 스페셜리스트인 사람은 주변 확대를 통하여 영향력을 넓힐 수 있다.

유사 콘셉트는 여러 가지 방식으로 소비된다. 말이나 글, 강의, 저서, 컨설팅, 코칭 등을 통해서다. 하나의 키워드라고 해도 채널은 다양하다. 책자의 편집에서도 특집을 구성하는 이유는 강조하기 위함이다. 대부분 페이지는 그냥 지나치기 쉽다. 하지만 특집은 눈길이 간다. 특집을 만들 때는 표지 이외에 특집을 강조하기 위한 속표지를 만든다. 책 속에 책이라고 부를 수 있다. 특집이라는 것은 그만큼 발품 팔거나 성의가 깃들여져야 나올 수 있다.

특집은 강조다. 지금까지 해온 것들이 모여 다른 형식의 발표를 하는 것이다. 특집에는 여러 개의 유사한 콘셉트가 모여 하나의 주제를 이룬다. 만화가가 온라인이나 오프라인을 통해 작품을 발표하거나 책을 쓰고 강의하는 일 등은 유사 콘셉트이다. 즉 하는 일에 시너지를 주고, 특집처럼 자신이 하는 일을 여러 채널로 강조하는 방법이다.

독립잡지 〈싱클레어〉 김용진 편집장은 누구나 참여할 수 있는 한 페이지를 콘셉트로 잡지를 만든다. 어느 날 '나에게 한 페이지가 주어진다면 그곳에 무엇을 담을까.' 하는 내용으로 잡지를 채운다. 그가 만들고 있는 잡지는 그런 한 페이지 한 페이지가 모아진 이야기책이다.

여행 이야기를 담기도 하고, 부치지 못한 편지를, 초등학생의 꿈 이야기를, 40대 가정주부의 배낭여행을, 청소년 작가의 소설이나 어느 예비 신부의 청첩장을, 뮤지션의 사진을 담기도 한다.

그는 1년에 1~2회 정도 남해 진도 근처의 나배도라는 섬에 간다. 그곳은 전기도 없고 핸드폰도 안 터지는 곳이다. 하지만 다녀오면 마음 편해지고, 잘 쉬었다 왔다는 느낌이 든다. 같은 곳에 가도 어떤 사람은 사진 찍어 페이지를 만들고, 어떤 사람은 시를 쓰고, 또 어떤 사람은 짧은 소설을 쓰며 어떤 사람은 영상물을 만든다. 자기만의 방식으로 페이지를 만드는 것이다.

사람들이 시를 쓰고 그림을 그려 편지를 보내면서 일상적인 것을 다시 한 번 '나의 페이지'로 만들어 보겠다는 생각을 한다. 그냥 사는 대로, 흐름대로 그 안에서 자신의 페이지를 채워나가는데, 그는 아무 종이나 뒷면에 간단하게 편지쓰기를 권한다. 그리고 〈싱클레어〉로 보내지길 바란다.

소소한 일상이 개인 기록이 되고 삶에 의미를 부여한다. 그는 그런 유사한 콘셉트를 다양한 개인에게 활용한다. "당신에게 15분이 주어진다면 어떤 이야기를 하시겠어요?"라고 묻는 즉문즉필을 통해 일상의 기록을 만드는 것이다.

오늘을 한 페이지에 담아보라고 권하는데, 누구든지 〈싱클레어〉 페이지에 일상의 흔적을 보내면 편집된다. 세상에 무엇을 표현하고 싶은 욕망이 실현될 수 있다. 우리는 매일 자신을 드러내는 작업을 어떤 식으로든 하고 있기 때문이다.

모든 편집에는 각자 다른 개성이 있다. 키워드도 다르고 추구하는 바도 다르다. 콘셉트가 다르며 그것을 표현하는 방법도 가지각색이다. 정답은 여러 가지 실험을 통해 자신이 추구하는 방향에 맞으면 된다. 진리를 모색하고 정정하면서 나아가는 것이 인생이다. 내일은 오늘보다 자신의 꿈에 더 가까워질 것이라는 믿음으로 길을 간다.

만화가 이현세는 '행복한 편집광이 되어라.'라고 했다. 편집증 환자와 편집광의 차이는 극도의 몰입과 집착을 병리적 현상으로 생각해서 괴로워하는가 아니면 이를 즐기는가 차이라고 본다. 지금과 같은 시대에 성공하기 위해서는 더 편집광적인 몰입이 필요하다고 말한다. 그가 만화계에 발을 들여놓았을 때는 힘들고 괴로워 아프다고 해봐야 위로해주는 사람이 없었다.

"만화 같은 쓸데없는 짓을 하니까 힘들지!" 이런 소리만 돌아올 뿐이었다. 그래서 살아남기 위해서 좋든 싫든 치열해야 했다. 맹렬하게 작업하고 만화에 매달리는 것 말고는 다른 곳을 돌아볼 겨를이 없었다. 만화가로서 꾸준하게 작품을 만들고 인정받는 사람이 되기 위해서는 결국 만화가 삶의 전부가 된다.

재능이 좀 떨어져도 그 일이 삶의 전부인 사람과 재능은 뛰어나지만 그 일이 여러 가지 수단 중에 하나인 사람을 비교한다면, 길게 끝까지 놓고 보면 전자가 이긴다는 것이다. 시대가 어떠하든 어떤 유혹이 도사리든 자신이 하는 일에 전부를 거는 사람은 결국 크게 된다.

그래서 '나는 그 일에 대해서 편집광이 될 수 있는가?' 이것이 삶의 방향을 선택하는 우선순위가 되어야 한다는 것을 강조한다. 초밥집 주방장이 밥을 쥘 때마다 밥알의 개수가 거의 차이 나지 않는 것처럼……. 이것은 오랜 숙련을 통해 얻은 체득이다. 평범한 사람들 눈에는 그깟 밥알 몇 개 차이가 뭐 대단할까 싶지만, 편집광의 세계에서는 차이가 난다. 편집광의 위대한 힘은 이 한 끗 차이에서 나온다는 것이다. 그 어떤 정밀기계나 센서보다 더 정확한 결과를 내주기 때문이다.

스스로 몰입할 수 있는 편집광의 길을 선택한 사람은 어둠 속에서도 앞으로 나아가는 사람들이다. 어떻게 하면 더 나아질 수 있을지 방법을 꾸준히 연구하는 사람들이다. 이현세 만화가는 만화를 그린 지 30년이 넘었지만 미치도록 더 그리고 싶어한다. 그는 여전히 새벽에 배달되는 잉크 냄새 싱싱한 신문을 좋아한다.

스스로 하나의 분야에서 어느 정도 경지를 이루어야 인접 분야에서도 성공을 거둘 수 있다. 자기가 좋아하는 일을 찾은 사람은 하루를 48시간처럼 산다. 그러면서도 절대 스트레스받지 않고 포만감을 느낀다. 눈빛도 형형하게 살아 있다.

누군가는 10년 걸릴 일을 누군가는 3년 만에 해낸다. 에너지를 집중하여 한 곳에 쓰기 때문이다. 자신의 에너지 정도를 알면 한계라는 것도 알게 된다. 그러면 시간 관리도 달라진다. 성인이 되어서도 자신에 대한 탐구가 안 되었다면 곤란하다. 그것은 타인이 해줄 수 있는 것이 아니기 때문이다.

주변 사람들에게 모니터링해서라도 자신의 장단점에 대해서는 알고 있어야 한다. 그리하여 강점을 더 강화하는 유사 콘셉트로 인생이 흘러야 한다. 기자라면 인터뷰, 책, 독서, 강의, 출판, 스크랩, 글쓰기 등이 유사 콘셉트가 될 수 있다. 잘하는 것으로 계속 리듬 타서 성취감을 이룬다면 어느 단계에 도달하면 최고가 된다. 그 보이는 단계까지는 지속하는 힘이 필요하다. 달인은 이런 성취감에 의해 만들어진다.

우리는
각자
인생의
편집자다

자신의 키워드를 일찍 정해놓으면 평생 할 일은 넘친다. 다만 늦게 발견하거나 이것저것 하다 때를 놓치기 때문에 인생 자체를 명품으로 만들지 못한다. 개그맨은 개그라는 필터로 모든 것을 이해하는 것처럼, 역사 전공 학자는 역사라는 필터로 모든 것을 이해한다. 누구나 자신만의 필터가 존재한다. 교사는 교사의 필터로, 정치가는 정치가의 필터로, 사업가는 사업가의 필터로 세상을 본다.

하나의 키워드를 향해 달려왔다면 일에 대한 정직한 보상이 이루어지는 시절이 온다. 그 깊이가 자존감을 살려주는데, 이는 곧 세월의 훈장인 셈이다. 바닥 모를 심연까지 깊이를 더하면 한 분야에서 퍼내도, 퍼내도 마르지 않을 샘이 된다. 편집력으로 세월과 함께 만든 훈장인 것이다.

그렇다면 일찌감치 여유를 얻을 수 있다. 뒤늦게야 합류한다면 에너지의 한계를 느낄 수 있다. 좀 이르게 한 분야에서 편집력을 발휘한다면 젊은 시절에도 얼마든지 자신이 원하는 인생을 살 수 있다. 이것은 나이의 문제가 아니라 인생에 장인정신을 발휘한 편집력의 문제다.

한 길만을 고집하는 사람은 얼굴에 정제됨이 흐른다. 절제미가 엿보인다. 공들인 세월만큼 여유도 흐른다. 그런데 이것저것 기웃거리며 사는 삶에는 그러한 여유가 없다.

인스턴트 냄새가 진동할수록 신자유주의 시장에서 쉽게 나타났다 사라지는 존재가 된다. 탁월하지 않으면 지속성이 없기 때문이다. 온리 원이 아니기 때문이기도 하다. 생산자의 내공이 있어야 소비자는 매료된다. 차원 다른 가치를 내포하는 것에 대해 열광하기 때문이다.

일에 대한 내공이 깊어지면 삶도 깊어진다. 우왕좌왕하지 않고 묵묵하게 비, 바람, 태풍을 넘어서다 보면 어느 사이 곰삭아진다. 장애물을 넘어서다 보면 그만큼 문제해결력도 커진다. 누구도 흉내 낼 수 없이 한 분야에서 내공이 흐른다면 그것은 곧 자존감이기도 하다. 인생을 명품으로 만든 사람은 그만큼 세월에 공들인 장인이다.

이 책에서 말하는 분위기는 중용 23장의 장인정신이기도 하다. 중용 23장을 소개한다.

작은 일도 무시하지 않고 최선을 다해야 한다.
작은 일에도 최선을 다하면 정성스럽게 된다.
정성스럽게 되면 겉에 배어 나오고 겉에 배어 나오면
겉으로 드러나고
겉으로 드러나면 이내 밝아지고 밝아지면 남을 감동시키고
남을 감동시키면 이내 변하게 되고 변하면 생육된다.

그러니 오직 세상에서 지극히 정성을 다하는 사람만이
나와 세상을 변하게 할 수 있는 것이다.

정성을 다해 어디에 넣어도 맛을 내는 된장처럼 존재를 발효시켜라. 발효차에서 깊고 풍부한 맛이 나는 것처럼 한 분야의 대가는 그러한 느낌을 준다. 정성이 하늘에 닿을 수 있도록 하나에 천착한다. 더하기가 아니라 정제된 빼기의 삶이다. 큰 것이 아니라 작은 것에도 정성을 다하는

삶만이 만나는 사람들에게 감동을 줄 수 있다.

이민규의 《실행이 답이다》에서는 성공은 미래로부터 역산하여 현재 행동을 선택하는 습관으로 나온다고 강조했다. 역산 스케줄링에 익숙해 지려면 사소한 일을 할 때도 역산하여 계획 세우는 습관을 들이라는 의미다. 끝에서부터 역산하고 최종 목표 달성을 위해 징검다리 목표들을 찾아 지금 해야 할 일을 선택한다.

사소한 일을 통해서도 데드라인을 연습하다 보면 중요한 일에 효과적으로 적용할 수 있다. 인간관계든 비즈니스든 미래 관점에서 거꾸로 보면 현재 상황이 보인다. 노후대비 역시 두 가지 스케줄링 중 한 가지 방법으로 접근할 수 있는데, 30세인 두 사람이 65세에 은퇴한다고 가정해볼 때 노후를 위해 매월 소득에서 생활비를 쓰고 남는 돈을 최대한 저축하는 사람과 지금부터 35년 후 미래로 미리 가서 은퇴 후 매월 생활비가 얼마나 필요할지 따져보고 그로부터 역산해 지금부터 얼마씩 저축할지 계산을 뽑는 사람으로 나뉜다.

역산 스케줄링은 경력관리나 비즈니스뿐 아니라 건강관리나 인간관계 등 삶의 모든 영역에 적용할 수 있다. 돈과 시간에는 한 가지 공통점이 있는데, 쓰고 남은 돈을 저축한다고 생각하면 절대 돈을 모을 수 없듯 시간 역시 남을 때 공부한다고 생각하면 영원히 공부할 수 없다.

역산 스케줄링은 미래 스토리다. 미래 모습을 떠올리는 사람만이 역산계획을 세울 수 있는데, 일할 때 가장 어려운 파트너는 이러한 역산 스케줄링을 세우지 못하는 사람들이다. 정말 일이 힘들어진다. 모든 일은 마감으로부터 역산하여 계획을 세우지 않으면 펑크 난다. 그야말로 아마추어가 하는 결과물을 낸다. 그런데 종의 마인드로 일하는 사람은 일의 양에만 집착하여 전체 흐름을 보지 못한다.

나이 들어 자신의 재능기부를 하는 사람은 잘 산 인생이다. 한 길을 꾸준히 걸으며 쌓아온 경험을 사회에 환원할 수 있다는 것은 인생을 잘 맺음 하는 하는 것이다. 잘 구성된 본론에 이은 결론이다. 재능기부를 통해 공익을 실현할 수 있다. 그러기 위해선 10, 20년 이상 한눈팔지 않고 한 길을 걸어가는 우직함이 필요한데, 요긴한 삶의 기술 중 하나가 편집력이다. 각자 인생에서 멋진 편집 기술을 발휘할 수 있다. 우리는 각자 인생의 감독이나 작가이기 때문이다.

나이 들수록 더하기보다 빼기의 삶을 살아야 하는 것은 깊어지기 위함이다. 그 깊음에는 풍부한 맛이 난다. 단순한 하나의 맛이 아니라 풍요로움이 깃든 맛이다. 먼저 이런 사람은 얼굴에 담백함이 흐른다. 영혼지수가 다르기 때문에 겉으로도 그 분위기가 드러난다. 말 한마디, 사유의 눈빛에서 벌써 차별화가 이루어진다.

우리는 그런 사람의 인상에서 정서지수, 영혼지수 등을 읽는다. 잘 나이 든 사람을 보면 부럽다. 세월이 깃든 장인정신이 빛나기 때문이다. 인생 자체가 단순함으로 이루어진 명품 인생이다. 그들이 자신의 조탁(彫琢)에 얼마나 공을 들였는지 알 수 있다. 조탁하지 않는 것에는 아름다움이 없다. 정제된 것들에게서만 느껴지는 세월의 조탁에는 절제미가 담긴다. 지난 세월의 내공이 고스란히 녹아든 장인에게서는 높은 산 깊은 계곡을 따라 고요히 흐르는 물줄기가 떠오른다. 절제미로 삶을 꾸리는 세월에서 생긴 노하우다.

정제수 같은 본질만으로 나이 들고 싶다면 모든 과욕을 버리고, 보고 듣고 체감하는 모든 것 우위에 본질을 놓아야 한다. 욕심을 놓는 것이 아니라 가고자 하는 방향에 대한 천착을 놓는다.

조탁하는 것 역시 자신이어야 한다. 자신을 발견하고 강화하고 가꾸고 절제하는 일이다. 물건에 정성을 들이듯 자신에 대해 콘셉트를 부여하고 편집력을 통해 버릴 것과 취할 것을 구분하고 정성들여 완성도를 높이는 것이 자신에 대한 조탁이다. 이것은 에너지 없이는 불가능하다. 에너지는 곧 몰입도나 집중력을 말한다. 인생 2막일수록 편집력이 더 요구된다. 시간이 많지 않다.

콘셉트에
맞게
단순하게
산다

위인들은 한 분야의 대가라고 할 수 있다. 그들은 자신의 콘셉트에 맞게 단순한 인생을 살았다는 공통점이 있다. 어느 분야이든 고수는 있다. 하나의 콘셉트를 이루기 위해서는 그 안에서 자기계발의 심화가 필요하다. 이것은 꼭 본질로만 추려진 단순함을 말한다.

하나의 이름이 브랜드가 된 사람들은 단순하게 산 사람들이다. 다른 걸 할 줄 몰라서 안 하는 것이 아니라 절제하여 한 길로 흐른 위대함이 있다. 나머지 것들은 중요순위에서 빼주는 예의를 갖춘 것이다. 이것이 편집의 묘미이다. 주연을 위해 조연이 뒤로 물러나듯 중요한 한 가지를 위해 다른 것들은 배경으로 남는다.

인간의 오감은 즐거움을 지향한다. 그럼에도 불구하고 왜 삶에 절제를 들여놓아야 하는 걸까. 그것은 전체 편집이 흐트러지지 않기 위해서다. 기획된 구성을 넘어서지 않는 것은 전체 레이아웃의 사명이다. 전체 레이아웃은 하나의 내용도 흐트러짐을 용납하지 않는다. 어떤 하나라도 튀거나 후유증을 남기거나 부작용을 남길 수 없게 한다.

부분이 모여 전체를 이룬다. 완벽한 하모니를 위해서라면 생활을 극도로 단순하게 하여 본질에만 집중하는 삶을 딱 1년만 살아볼 것을 추천한다. 초점과 배경을 구분할 줄 아는 능력이 생기면 삶에 더 통제력을 발휘할 수 있다.

국내 최초 보이스 컨설턴트로 활동하는 김창옥 대표는 스토리텔링 강연으로 큰 인기를 얻고 있다. 유머와 퍼포먼스를 가미한 자기 고백적 강의인데, '나'를 중심으로 세상과 소통하는 문제가 강연과 저술의 키워드다. 웃음 속에서 '나'와 소통하게 하는 실마리를 찾게 해준다.

그는 뚜렷한 이목구비와 보이스 컨설턴트다운 멋진 목소리로 퍼포먼스 트레이닝 코치답게 청중을 위해 특이한 유머로 강의한다. 시작 1분도 지나지 않아 청중을 사로잡는다. 그가 생각하는 훌륭한 강의에 대한 기준은 '말을 얼마나 잘하느냐가 아니라 얼마나 많은 사람의 마음을 움직였느냐?' 하는 것이다. 어린 시절 '불통(不通)'의 시간을 보낸 그의 과거 이야기에 청중은 웃다 곧 눈물을 짓는다.

어린 시절, 청각장애인 아버지를 보여주기 싫어서 친구들과 잘 어울리지 못했다. 겉으로는 더 밝은 척, 씩씩한 척하며 살았다. 취업을 일찍 하고 싶어 공고 전자과에 입학했지만 음악을 하고 싶다는 꿈이 있었다. 하지만 납땜을 배우며 고등학교 시절을 보낸다. 이후 두 번의 대학입시 실패로 도피하다시피 해병대에 입대한다. 전역을 앞둔 어느 날, 상상 속에서 미래의 50대가 된 자신과의 대화를 통해 '진정 네가 원하는 일을 하면서 살았니?'라는 질문을 스스로에게 던진다.

제대 후 음악에 대한 갈망으로 레슨비가 저렴한 음악과 졸업생에게 부탁하여 성악의 기초를 공부한다. 늦었지만 꿈을 위해 독한 마음으로 공부한 덕분에 5개월 만에 성악과에 입학한다. 하지만 경제적인 어려움은 여전하여 학업보다 아르바이트가 주된 생활이었다. 아르바이트하느라 체력이 떨어지고 성악 실력은 늘지 않자 비관하기 시작한다.

어느 날 교수님으로부터 호된 질책과 격려의 말씀을 듣는다. 그는 그런 삶에서는 자신의 목소리를 낼 수 없음을 깨닫고 그때부터 진정한 자신의 목소리를 찾기 위해 자기혁명을 시작한다. 무작정 스피치학원을 찾아가 강의 자리를 부탁했고 스피치학원 원장은 모험한다는 생각으로 그에게 30분의 강의를 허락했다.

첫 강의에서 청중의 반향을 불러일으키는 데 성공한다. 청각장애인 아버지, 글 모르는 어머니, 불운했던 어린 시절 이야기를 들려주는 자기공개식 강의 방식을 다듬어간다. 소통, 즉 자신을 먼저 이해하고 사랑하면 진정한 목소리를 낼 수 있다는 강의다. 자신에 대해 잘 알고 있다고 자신 있게 말할 수 있는 사람은 얼마나 될까. 그래서 주기적으로 조용한 곳에서 사색하면서 자신과 만나는 시간을 가져야 한다.

그가 생각하는 "세상에서 가장 불행한 사람은 무엇에 내 삶을 걸어야 하는지 모르는 사람이 아니다. 자기 심장이 뛰는 것이 무엇인지 알면서도 그것에 삶을 걸지 않는 사람이다."라고 한다. 자신의 가능성을 찾기 위해 계속 도전하느냐 아니면 포기하느냐에 따라 기회의 문이 열리거나 닫힌다. 세상에서 가장 불행한 사람은 자신을 믿지 못하여 인생을 걸 수 없는 사람이다.

우리 안에는 무한한 잠재력이 있다. 하지만 자신의 금맥과 만나지 못한 사람이 무수하게 많다. 점점 더 발전하는 사람이라야 인생 최고의 날을 만날 수 있다. 미래가 기대되는 사람이다. 하지만 스스로 자신을 믿지 못한다면 심장 뛰는 것에 자신을 걸지 못한다. 자신을 걸어야 생이 단순해지며, 조탁하면서 갈 수 있다.

주변에 작은 영웅들을 보라. 하나의 길에 한평생을 바쳤다. 하나의 길도 제대로 하려면 한평생이 걸린다. 완성도를 높이려면 평생 배워야 할 것이 넘쳐난다. 자기계발을 하지 않고서는 지속가능하기 어렵다. 길은 길로 이어지면서 끊임없는 진화를 거듭한다.

한국직업연구소에서 조사한 바에 따르면 한 사람이 평생 직장을 옮겨가는 횟수는 평균 5번 정도다. 평생직업에 대한 확실한 개념만 있다면 나이 들어도 당당한 위치에 설 수 있다. 얼마나 자신을 계발하느냐에 따라 노하우가 쌓일 것이다. 일을 할수록 문제해결력은 커진다. 우리가 전문가라고 부르는 것은 문제해결력이 높다는 것을 뜻한다.

어느 반열에 오를수록 책임감은 더 커진다. 그리고 프로의식도 더 요구된다. 이름이 브랜드가 된 사람일수록 그러하다. 고수의 단계에서는 일과 놀이가 구분되지 않는다. 노력하지 않아도 일이 자연스럽게 일상이 된 단계이다. 일 따로, 삶 따로 구분하지 않아도 일이 놀이가 되고, 놀이가 일이 된다. 뼛속 깊이 좋아하지 않는다면 그렇게 될 수 없다. 즐기는 사람은 편집광이 아니고서는 힘들다.

자신 있다고 생각하거나, 성공하거나, 자존감을 높인 일 등 최근 성공한 일을 찾는다. 그것은 같은 시간을 투자해도 결과에 있어서 남보다 잘하는 일일 가능성이 높다. 수월하게 해내는 일이 있다면 그것은 지속적으로 편집력을 발휘해야 할 자기혁명의 도구다.

'더 자주 발표하고 세상에 드러내라.'

그리하여 최고로 인정받고 검증받아라. 숙달하여 완전 자기화한다. 잘

하는 일이란 천직일 가능성이 높다. 자신의 일에 전부를 거는 사람은 반드시 어느 반열에 오른다. 최적으로 몰입하기 때문이다. 반면 능력이 있음에도 성공하지 못하는 사람은 이것저것 잡다한 곳으로 에너지를 흘리기 때문이다. 삶에 편집력을 발휘하지 못하면 뛰어난 재능이라도 결과치를 못 낸다.

수많은 오감의 쾌락 속에서 자신의 키워드가 즐거움이어야 동기부여되고 더 잘 몰입할 수 있다. 유리한 환경을 가진 사람들을 넘어서는 힘은 편집력을 발휘하는 것에 있다.

편집력으로
인생을
바꿔라

나이 먹으면 다 부자가 되는 줄 알았다

나이 먹으면 다 존경받는 줄 알았다

그런데

어영부영 마흔 되더라

살아보니 마흔이 그리 많은 나이도 아니더라

이수의 〈마흔에게〉라는 시이다. 마흔은 정말 빠르게 다가온다. 서른을 어영부영 보내다 보면 마흔이 된다. 빠르게 온 것처럼 쉰도 빠르게 다가온다. 주변에서 많은 이들이 인생 2막을 다시 쓰려고 하지만 어느 누군가는 쉽게, 어느 누군가는 어렵게 2막을 쓰고 있다.

나는 될 수 있으면 자발적으로 인생 2막의 콘셉트를 정할 것을 권한다. 내몰리듯 인생 2막을 쓰게 되면 자존감이 떨어지기 때문이다. 그러면 동기부여도 덜 된다. 조직에서 타의적으로 나오기 전 자발적으로 그 시기를 정할 수 있어야 한다. 주체가 된다는 것은 타자에 의해 통제받지 않는 삶이다.

스스로 은퇴시기를 결정할 수 있어야 한다. 타의에 의해 내몰리듯 삶이 구조조정 당하면 상처 입는 것과 동시에 공황상태를 경험하게 된다. 흔한 말로 멘탈 붕괴다. 그리고 상처 입게 되면 사물을 온전하게 보지 못하고 왜곡되게 바라본다. 조직에서 무방비 상태로 나오면 희생한 시간이 파노라마처럼 지나갈 것이다.

순간, 인생 2막도 상처로 얼룩진다. 온통 젊은 날을 바쳐 희생했다는 것으로 조직과의 관계를 정리하면 피해자가 된다. 피해자 입장에서 자존 감이란 떨어진다. 그렇게 되면 지난날의 보람과도 만날 수 없다. 보상심 리와 피해의식으로 자존감이 뒤틀린다.

이제 관점을 바꿔보자. 조직은 당신을 뽑아 경험이라는 것을 해보게 했고 그동안 재정적인 뒷받침이 되었다. 뿐만 아니라 사회적으로는 명함 들고 다니면서 노하우도 많이 축적했다. 사회적인 지위에 따른 매너도 익힐 수 있었고 사회의 다양한 사람들도 접할 수 있었다. 그래서 덕분에 역량도 커졌다.

세상에 일방적인 관계라는 것이 있겠는가. 모든 것은 기브 앤 테이크 (give & take)다. 그렇다면 조직이 언제까지 개인을 보호할 수 있을 거라고 착각하는가. 세상에 무한대로 지속가능한 것은 없다. 상황에 따라 회자 정리된다. 그것은 당신이 오너라고 해도 마찬가지다.

지금껏 일한 만큼 많은 경험을 쌓고 경제적으로 도움되었다면 조직 은 이로움이 있었다. 단, 거기까지다. 그 이상은 타자에 의존하는 마음이 다. 기업은 철저하게 이윤으로 움직인다. 인정상, 도의상 이런 단어는 갖 다 붙이지 말자. 조직에 있을 때도 항상 1인 기업가 정신으로 주체적으 로 움직여야 하는 이유다. 조직과 나의 발전 방향이 같도록 하는 것이 중 요하다.

인생 2막에는 이러한 상처들로부터 자유로워질 것을 권한다. 나이 들 수록 삶에 통제력을 발휘할 수 있어야 하는 것이다. 구부러진 관점은 균 형감각을 상실하게 만들어 다시 구부러진 관점을 부른다. 삶에서는 자발 성이 중요하다.

후반부의 초안을 쓰는 시기는 자신이 정할 수 있어야 행복하다. 돈, 행복, 시간, 명예, 자유, 레저, 봉사…… 각각의 프레임에 따라 인생 2막은 다른 콘셉트를 띨 수 있다. 1막과 달라야 하는 것은 모든 신체적 조건이나 상황이 달라지기 때문이다. 하던 일을 이어서 하는 경우라고 하더라도 가치는 달라진다. 물론 에너지의 차원도 달라진다.

모든 일에는 공통된 맥락이 있다. 정확하게 문제의 사안을 파악하고, 어디에 원인이 있는지 찾아보고, 해결책을 얻는다는 점이다. 후반부 초안을 쓰는 일도 이러한 형식을 거친다. 인생 1막의 삶이 어떠했는지를 진단하고, 어디에 문제가 있었으며, 진정 원하는 삶을 위해서는 어떻게 나아가야 하는지 가늠할 수 있다. 이러한 청사진을 그리는 일은 처음부터 끝까지 주체의식이 뒷받침되어야 한다.

1막의 진단이 정확히 나왔을 때, 2막에 대한 정확한 솔루션도 나올 수 있다. 개념 정리는 자주 해야 숙련도가 늘어난다. 항상 생활에 문제제기하고, 근거를 찾고, 해결책을 모색하여 개선점을 찾는 것은 중요하다. 남 탓하며 누군가에게 화살을 돌리고 있다면 인생 2막에 대한 솔루션은 나오지 않는다. 그러다 보면 과거와 같은 불행으로 점철된 인생 후반전을 살아가게 된다. 불행하게도 결말은 용두사미로 끝난다.

후반전이 점점 기대되는 인생을 살고 싶지 않은가.

아무 생각 없이 1막을 살아왔다면 지금이야말로 확실한 콘셉트로 편집력을 발휘해야 한다. 후반부 시간은 많은 듯 보이지만 정작 에너지가 달라지니 뭐라 장담할 수 없다. 30대나 40대에 못 이룬 것을 해나가려면 더 편집력이 요구된다. 그래야 하나라도 제대로 매듭지을 수 있다. 나는

2막이 1막의 삶으로부터 멀리 가지 않기를 바란다. 그동안 해왔던 것에서 통찰을 통한 결실을 얻기 바란다.

사람 사이에 예의가 있듯이 인생에도 예의가 있다. 2막에 대한 초안을 다시 쓰는 일이야말로 1막에 대한 예의다. 인생의 터닝 포인트는 인생 2막에 대한 콘셉트를 정하고 목차를 짜는 일에서부터 비롯된다. 그래야 콘셉트에 따른 편집력을 발휘할 수 있다. 목차를 정하면 한결 쉽게 편집력을 발휘할 수 있다.

목차는 1막의 성적표를 통해 오답노트를 정리하고 더 강화하는 쪽으로 잡는다. 그 확장을 통해 2막을 잘 마무리할 수 있을 것이다. 마흔은 책의 중간쯤에 해당한다. 무엇에 삶을 걸어야 할지 필요에 따라 얼마든지 방향을 바꿀 수 있다.

작품은 결말이 좋아야 한다. 반전해야 하지 않겠는가. 평균이 되려고 그렇게 열심히 살아온 것은 아닐 것이다. 자아를 발견하고 존재감을 인정받고 선한 영향력을 끼치기 위해 힘든 줄 모르고 달려왔을 것이다. 번개같이 온 시간은 또한 번개같이 갈 것이다. 다행인 것은 살아보니 마흔이 그리 많은 나이도 아니더라는 것이다.

한 걸음, 한 걸음, 한 땀, 한 땀, 한 계단, 한 계단……

이것은 누적되는 삶이다. 장인의 인생을 살려는 마음을 포기하지 않는다면 조바심치지 말며, 하루하루 만들어가면 된다. 원하는 모양새로 조탁하면서 가는 것이 인생이다. 몰입, 배려, 집중, 공부, 정의, 꿈, 느림,

관점, 인생, 어떻게, 무엇……처럼 편집력도 하나의 개념어다.

지금껏 열심히 살아온 전반전 책장을 넘긴다면 인생이 더 이상 새로울 것 없다는 착각에 젖기도 한다. 이때가 생에서 가장 긴장해야 할 때다. 절반이면 지나온 시간을 버릴 수도 없고 그렇다고 다가올 시간에 대한 기대감을 갖지 않을 수도 없다. 그동안 편집력에 대해 알지 못했다면 편집력이라는 관점을 생에 들여라. 그리하여 2막에는 한 분야에서 최고가 되어라.

제4장

인생에
적용할 수 있는
열 가지
편집력

분류
하라

분류는 편집에서 가장 필요로 하는 기술이다. 이 분류에 따라 버릴 것과 취할 것이 구분된다. 구분 이전에 분류라는 작업을 거쳐야 하는데, 이 분류는 인생의 전반적인 방향과도 연결된다. 내가 피울 꽃이 무엇인지를 알아야 그 방향성에 깊이를 더할 수 있다. 버릴 것과 취할 것에 대한 구분이 쉬워진다.

분류 이전에는 분석이 따른다. 분석해야만 나의 강점과 약점을 알고 전반적인 기획을 할 수 있다. 자기계발은 무수하고 그 선택지 역시 자신에게 주어졌다. 당신은 어떤 자기계발을 하고 있는가.

열심, 노력, 근면, 노동, 성실, 야근, 주말 반납 등과 같은 단어는 2000년대 이전 어휘들이다. 지금은 다른 패러다임을 원하는 시대다. 시간에 대한 관점도 달라졌다. 길이가 아니라 의미에 있다. 그 선택과 집중에는 편집력이 발휘되어야 한다.

분석은 곧 전략을 만들어내기 이전 단계이다. 이것 없이는 나아갈 방향도 없다. 우리는 누구든지 '꿈'이라는 가치를 만들어낼 수 있다. 단지 생계만을 위한 일이 아니라 어떤 의미를 부여하면서 일에 대한 만족감을 느낀다. 생계를 꿈으로 의미화하는 과정에서 우리는 자아실현과 만난다. 남과 다른 차별화를 통해 꿈을 만들어낼 수 있다.

의사라고 다 같은 의사는 아니며 변호사라고 하여 다 같은 변호사가 아니다. 그리고 사업가라고 하여도 다 같은 사업가는 아니다. 수식어를 넣어서 그것을 꿈으로 승화시킬 수 있다. 달과 6펜스처럼 일찌감치 '달'을 버린 경우라고 하더라도 누구에게나 인생 2막, 3막이 있다. 그런 시간을 위해 내 일에서의 '달'의 의미를 찾아볼 수 있다.

맹명관은 15년이 넘도록 광고계에 몸담은 마케팅 스페셜리스트다. '아이디어 박스'로 통할 정도로 늘 아이디어와 에너지가 넘친다. 자신의 사진을 볼 때마다 잘생겼다고 생각하지만 그는 사실 외모 콤플렉스를 많이 가졌던 사람이다. 여러 가지 콤플렉스가 있었는데, 그중 하나가 이름에 대한 콤플렉스였다. 맹명관이라고 하면 사람들이 중국집 이름 같다며 웃었다. 그럴 때 그들과 같이 웃으면서도 얼굴은 빨개졌다. 대학 때는 친구들이 미팅할 때마다 물 흐린다고 자신을 따돌렸던 안 좋은 기억이 있다. 20대 때 잘생긴 형과 함께 찍은 사진을 보면 스스로도 그 사진 속 자신의 얼굴을 지우고 싶었다.

그런데 중요한 것은 20대 때 사진과 지금 얼굴을 보면 마치 성형수술을 한 것처럼 보인다는 점이다. 지금은 후덕하고 잘생겼다. 20대에는 정말 못생겨서 친구들이 그의 얼굴을 위해 기도해준다고 할 정도였는데, 나이 50이 되어서는 완전 다른 얼굴이 되었다. 어떻게 이런 차이가 생길 수 있을까.

맹명관의 20대는 굉장히 우울한 기억만 가득했다. 내성적이어서 하루에 열 마디도 하지 않았다. 못생겼고 가정환경도 안 좋았고 말까지 심하게 더듬었다. 뭐 하나 내세울 것 없는 불안한 20대였다. 스스로 미래에 대하여 생각하면 답이 안 나왔다. 그런데 오히려 나이 50이 되니까 자신감이 생겼다. 그가 지금까지 그가 쓴 책이 45권이다. 그리고 마케팅에 관한 강의를 20년 넘게 하다 보니 성격이 완전히 바뀌었다. 그는 결핍을 에너지로 바꾸기 위해서는 세 가지 코드가 필요하다고 말한다.

첫째는 나에게로 도전이다.

나에게로 도전할 때는 내가 있는 곳이 동물원인지 야생인지 알아야 하는데, 야생에서는 모두 달려야 한다.

두 번째는 나로부터의 발견이다.

벤치마킹을 한다 하면 다 남의 것을 바라보는데 벤치마킹을 하려면 우선 자신이 벤치에 앉아야 한다는 것이다. 나를 봐야 하기 때문이다. 내가 저것을 따라갈 수 있는가 하는 자기 역량부터 제대로 바라보아야 한다.

세 번째는 나로부터 탈출이다.

나로부터 탈출하지 않으면 항상 우리 안에 갇히게 되고 폐쇄적이 된다. 결국 나로부터 빠져나오면 해결방법을 건질 수 있다.

결국 나로부터 탈출해 보고, 나를 향해 도전해 보고, 내 안에 있는 또 다른 나를 만나는 것에 관한 이야기다. 이것을 위해선 처음부터 끝까지 나에 대해 알아야 한다.

어느 단계에서는 고수들끼리 전쟁을 치른다. 서른까지는 혼자만 잘하면 되지만 마흔에는 혼자 하는 게임이 아니다. 사회에서 필요로 하는 역량과 규모가 커진다. 집단이나 규모가 승부를 가르기 때문이다. 고수들끼리의 진검승부가 벌어지는 시기가 마흔이므로, 모든 현룡(見龍)들이 나와 겨루기를 한다.

교수들 세계에서도 분야가 정해져 있다. 키워드가 확실하다. '감각',

'이미지', '정신분석', '라깡', '칸트', '하이데거', '비트겐슈타인', '들뢰즈' 등 한 길을 따라 간 여러 편의 논문이 그것을 검증한다. 깊이는 쉽게 따라 잡을 수 없는 영역이라는 것을 보장해준다. 그것은 세월에 대한 투자로 확실한 영역 보호대나 마찬가지다.

내가 아는 G 교수는 집중적으로 정신분석학만 연구한다. 현대소설부터 우리의 의식을 좌우했던 문학작품들에 관한 연구이다. 수없는 평론을 써냈다. 대가의 반열에 올라 정신분석에 관한한 G 교수의 평론을 비껴갈 수 없다. 현대소설에 관해 연구하는 사람이라면 누구나 반드시 봐야 하는 평론이 되었다.

칸트만 30년 이상 연구한 사람도 있고, 짐멜만, 프로이트만, 헤겔만, 들뢰즈만 연구하는 사람도 있다. 모두 자신이 꽂히는 이론에 시간과 열정을 바친다. 탈식민 연구에만, 포스트모더니즘 연구에만, 분단문학 연구에만 생을 바친다. 형형한 눈빛으로 한 곳만 응시한다. 학자의 길이다. 몇십 년이 훌쩍 지나간다. 한눈팔지 않고 책을 보는 동안 백발이 된다. 좋아하지 않으면 할 수 없다.

분류하라. 무엇에 자신을 걸지 먼저 분류 개념을 적용해본다. 분류하려면 분석이 적용되어야 한다. 분석은 잘게 쪼개는 개념이다. 작은 목표들을 세워나갈 때 범주가 나누어진다. 지금 서 있는 좌표로부터 과거와 현재, 미래가 나올 것이며 또한 위, 아래 같은 상위개념이나 하위개념이 나올 것이다.

항상 현재 자리에서부터 모든 분류는 시작된다. 분석하는 것은 객관적인 인식을 위한 것이다. 거품 없이 현재를 인정해야만 비상구도 보인다. 또는 날개를 다는 일도 현재에서 강점과 약점을 알아야 진화할 수 있다. 원하는 인생을 살고자 하는 이들은 현재 자리를 응시해야 한다. 먼 곳만 바라봐서는 기획을 할 수 없다.

분류는 모든 것을 제자리에 놓는 힘이다. 분류의 기준만 바꾸어도 삶의 풍경은 달라진다.

범주를
다르게
묶어라

'오늘은 또 어떤 성장을 할까?'

이런 설렘은 먼 안목을 바라보게 만든다. 오늘이 흑백사진처럼 칙칙하더라도 마음만은 총천연색 꿈을 꾼다.

하루에 대한 기대감으로 새벽에 저절로 눈이 떠진다고 생각해보라. 엔도르핀이 돌고 도파민이 나오고 세로토닌도 방출된다면……. 실제로 그렇게 살아가는 사람이 있다.

무채색의 비루한 현실 속에서도 꿈이 있는 사람의 하루는 다르다. 꿈이 있으면 영혼의 보약이 따로 없다. 환경에 지배당하지 않기 때문이다. 꿈이 없으면 방향 없이 흘러간다. 어디로 흘러가는지 모른 채 표류하기도 한다. 그러다 인생 중반쯤 왔을 때 생계만 남은 거울 속 자신을 본다. 무엇 때문에 그토록 열심히 살아왔는지 모른 채, 현실을 전복시키기에 너무 많은 진도가 나갔기에 돌아갈 수 없는 자리에 머문다.

꿈을 상상할 때 가장 좋은 방법의 하나는 시각화이다. 흔히 자신이 가고 싶은 곳, 되고 싶은 인물, 갖고 싶은 것을 스크랩해 붙여 놓는다면 시각적인 동기부여 방법이 된다. 끌어당김의 법칙인데, 구체적으로 상상하는 것이야말로 우주에 채널 맞추는 일이다. 내가 원하는 것들이 내 앞으로 향하도록 줄을 세우는 것이다. 모든 구체성에는 힘이 실린다. 하다못해 현실에서 행사 하나를 하더라도 구체적으로 시뮬레이션하는 것과 하지 않는 것은 다르다. 시뮬레이션을 잘할수록 행사를 더 잘 치르게 된다. 당장 구체적으로 상상하면 실생활에서 효과를 볼 수 있다.

꿈을 이룬 많은 사람들은 대체적으로 상상화 방법을 사용했다. 인간에게 주어진 능력을 펼치는 방법인데, 상상하지 않은 것은 절대 이루어질 수 없다. 상상을 해야 우주라는 무한한 창고에서 에너지를 가져다 쓸 수 있다. 비로소 채널이 맞춰지는 것이다. 이미 다 이룬 것처럼 하면 자연스럽게 그 에너지를 당겨쓰게 된다. 주변이 내가 원하는 방향으로 편집되는 놀라운 경험을 하는데, 파동의 법칙과도 비슷하다.

PD 출신인 이석형 군수는 전남 함평에 나비축제를 열었다. PD 출신다운 선택이었다. 정치를 PD의 관점에서 풀어냈는데, 다른 정치인들과 다른 관점이 있다면 업에서 나온 자기발견이다. 재능을 정치적으로 풀어낸 경우이다.

함평군은 서해안 일대와 맞닿은 소외된 지역으로, 인구가 4만 명 정도다. 전형적인 소규모 농촌 지역인데 3무(3無)의 고향이기도 하다. 천연자원, 산업자원, 관광자원 등 자원이 없다는 뜻이다. '함평천지 늙은 몸이~'로 시작되는 〈호남가〉의 노랫말처럼 한적한 농촌에 불과했던 함평은 PD 출신 이석형 군수가 새로 부임하게 됨에 따라 역사를 새로 썼다. 젊은 군수가 지역 활성화의 대안으로 내놓은 것은 축제였다. 처음에는 나비축제를 열 만큼 나비가 없었지만 제주도에서 12만 마리를 공수해 온다. 그렇게 나비축제를 열었는데 한 해 200만 명이 축제를 보러 왔다. 8회 만에 1,500만 명이 다녀갔다.

최근에는 바이오산업이 들어선다. 지역이 오염되지 않았기에 청정산업이 들어갈 수 있었다. 나비를 통해서 새로운 사업을 만들어낸 것이다. 나비축제를 기폭제로 함평 땅에서 재배되는 농산물은 자연친화적이라는 이미지를 부각했다. 실제로 유기농 상품을 생산하도록 장려했으며 군 단위 지역축제를 하면서 '자연친화적'이라는 편집력을 발휘했다.

대부분 환경이 바뀌면 기대하고 있던 기질을 사장시키거나 왜곡, 변질시킨다. 앵커가 정치를 한다고 했을 때 자신의 재능은 바뀌지 않는다. 날카로운 분석과 정치 평론을 할 수 있는 사람은 그 자리에 가서도 변함없이 그 기질을 발휘할 수 있어야 한다.

많은 이들이 앵커에서 기대했던 것을 정치권에 가서 실천하지 못한다. 실망을 주는 이유가 그것이다. 대중은 어떤 것을 기대하고 응원했는데도 불구하고 그것을 출세의 도구로만 쓴다면 곧 대중의 사랑은 식는다. 재능은 사회적인 자리가 바뀌더라도 하나의 범주로 묶을 수 있다.

영화배우 하정우는 개인전을 5차례나 열었다. 배우이자 작가다. 그림 작업이 힐링이고 영화에 더 정진할 수 있게 도와주는 수련이라는 것이 그의 말이다. 그림은 무의식의 표현이고, 일기장 같은 것이라고 말한다. 예술혼까지는 모르겠지만 그림 작업은 그런 시간이라는 것이다.

뉴욕 전시는 완판되었다. 인지도 때문에 더 관심을 받은 것이다. 하지만 인기에 연연하지 않고 진실하게 작업해 나가면 언젠간 영화와 그림이 상호 상승 작용이 일어나지 않을까 생각한다. 그림과 연기를 '같은 뿌리에서 나온 다른 얼굴'이라고 보는 것이다.

밥과 같은 연기가 만들어지고, 몸과 마음에 연기로 해소되지 않는 잔여물이 생기면 그것을 끄집어내어 그림을 그린다. 그림이 스스로를 회복시키고 다시 연기에 정진하도록 고무한다. 무의식의 단면이기에 때에 따라 외로운 그림도, 장난스런 그림도 나온다.

에세이집 《하정우, 느낌있다》에서는 그림 60여 점과 함께 연기, 가족과 사랑, 우정과 일상에 대한 이야기들이 담겼다. 연기와 그림 작업이 절묘한 시너지 효과를 낸 것이다.

그는 "주위를 둘러보면 어디에서나 볼 수 있는 30대 성인 남자, 그게 바로 나다."고 했다. 객관적으로 스스로를 아는 일은 중요하다. 그래야 자신의 느낌에도 충실할 수 있다. 하나의 맥락이 글과 그림이라는 다른 범주로 표현되기도 한다.

지속적으로 100번의 성취력을 발휘하는 것은 브랜드를 알리는 데도 필수적이다. 100번은 편집력을 말하기 위한 상징어다. 100번 정도는 되어야 편집력을 발휘했다고 할 수 있다. 범주를 묶거나 다르게 하는 방법을 통해 우리는 성취에 가속을 높일 수 있다.

목차를
만들어라

나는 삶에 목차를 들일 것을 권한다. 총론에 따른 각론인 셈이다. 목차만 제대로 짜도 인생은 달라진다. 목차만 잘 짜도 삶은 매트릭스 밖을 벗어날 수 있다. 작심삼일이 되는 것은 정신이 강하지 않기 때문이고, 정서적인 영향을 받기 때문이다. 그럴 때 목차는 마음을 다잡게 해준다. 불완전한 인간이기에 우리는 목차대로 살아가야 하는 것이다.

인생에 적용할 수 있는 열 가지 편집력 중에서 목차는 그 첫 번째다. 목차 안에는 모든 방향성이 들어 있다. 이것은 추가리스트나 삭제리스트를 통하여 더욱 정교해진다. 시뮬레이션이 된다면 더 힘을 발휘할 수 있다. 대충 하는 것은 목차가 없기 때문이다. 마감을 모른다는 것도 목차가 없어서다. 1번의 목차는 2번의 목차를 부른다. 그리고 2번의 목차는 3번의 목차를 부른다. 길이 길과 이어지게 만드는 것은 목차이다.

〈트루먼 쇼〉라는 짐 캐리 주연의 영화가 있다. 보험회사에서 평범한 샐러리맨으로 살아가던 트루먼의 하루는 24시간 생방송 된다. 트루먼은 쇼의 주인공이다. 기획자인 감독에 의해 태어날 때부터 서른 살 가까운 나이까지 키워져 일거수일투족이 TV를 통해 방송된다. 촬영장 밖 사람들에게 트루먼은 스타다. 사람들은 트루먼의 인생을 드라마로 보지만 정작 트루먼은 자신이 출연하는지조차 모른다.

트루먼은 조작한 영화 세트 안에서 평생을 살아간다. 감독은 어린 시절 폭풍우로 아버지를 잃게 만들어 트라우마를 조작한다. 물에 대한 두려움 때문에 바다를 건너지 못하게 만든 것이다. 트루먼이 자란 뒤 이와 같은 사실을 말해주려고 온 아버지는 길을 막아선 사람들에 의해 다른 곳으로 끌려간다. 그때부터 트루먼은 뭔가 이상하다는 것을 눈치챈다.

이때 실비아라는 여성이 등장하고 모든 것이 짜여진 각본에 의한 것이라고 말해준다. 트루먼이 평생을 세트장에서 살아간다는 일이 잘못되었다고 생각했기 때문이다. 하지만 그녀 역시 세트장 밖으로 끌려가게 된다. 트루먼은 실비아를 쫓아 피지섬으로 떠나려고 하지만 길은 험난하다. 최고 트라우마인 바다를 건너야 하기 때문이다. 감독은 물에 대한 공포를 트루먼의 트라우마로 이용한다. 하지만 트루먼은 진정한 자유를 찾아 바깥으로 문을 열고 나간다. 관객은 그런 트루먼의 모습에 박수를 쳐준다. 이것이 〈트루먼 쇼〉의 줄거리다.

누구나 자신의 인생 역시 트루먼 쇼라는 생각을 한번쯤 해본다. 나에게 물이라는 트라우마는 뭘까. 어디까지가 세트장 안이고 어디까지가 밖일까. 트라우마에 갇힌 채 주어진 환경에서 개선조차 시도하지 않은 채 살아가고 있다면 더 그러하다.

두려움 때문에 다른 세계에 나아가지 못한다면······.

바다만 건너면 되는데, 그걸 못 한다. 인생에는 많은 힌트가 온다. 하지만 직관이 주는 힌트 같은 것을 이성으로 억누르며 인생의 짐이 자신을 끌고 가는지, 자신이 인생의 짐을 끌고 가는지 모른 채 '짐=자신'이 혼연일체가 된다.

무거운 인생의 짐을 지며 오늘도 매트릭스 안에 살면서 다른 관점을 가질 여유조차 없다. 그렇기에 더 구조적인 모순에 빠진다. 〈트루먼 쇼〉

는 우리가 선택한 삶을 살고 있는지, 아니면 선택된 삶을 살고 있는지 돌아보게 만든다. 그저 지금처럼 사는 것에 익숙해져, 꿈같은 건 생각할 수 없는 오늘을 사는 우리에게 '성찰'이라는 메시지를 던진다.

트루먼에게 공포의 대상이었던 '험한 바다'는 우리 모두에게 있는 바다다. 저 너머 세계를 가려면 두려움의 바다를 넘어야 한다. 그걸 넘지 못하고는 온전한 자아와 만날 수 없다. 편견, 편협, 반쪽짜리, 열등, 소외, 자격지심에서 벗어나야 온전한 나와 만날 수 있다. 간간이 신의 음성처럼 들리는 소리에 귀 기울인다면 때로는 직관이 영리한 길을 안내한다. 무엇을 하고 싶은지, 매일 똑같은 하루가 되지 않도록 직관은 길 안내 서비스를 한다.

당신의 매트릭스는 어떠한가?

주변을 둘러보면 두 부류로 나누어진다. 어려운 악조건을 넘어서서 자수성가하거나, 어려운 악조건에서 제자리를 맴돌거나 한다. 자수성가한 경우라고 하여 단점이 없을 수 없지만 인간적인 노력에는 박수를 쳐줘야 한다. 인간 승리라고 할 만큼 정신력이 강하기 때문에 오늘날의 결과치를 이룬 것이다.

어려운 상황에서 여전히 헤매고 있는 경우라면 아직 자신을 믿는 연습이 덜 된 탓이다. 한 번도 무언가를 걸고 확신한 적이 없기 때문에 자신에게마저 확신이 없다. 자신의 생각대로, 상상대로 환경을 바꾸어 나가는 세계를 알지 못하는 것이다. 1년만 본질에 집중해도 상황은 달라진다.

믿음은 더 자주 확신을 준다. 의지가 되고 신념을 만든다. 스스로를 믿지 못한다면 외부는 더 믿을 수 없다. 변수가 더 많기 때문이다.

'목차는 점층적으로 힘을 실어준다'

목차대로 성공체험이 늘다 보면 어느덧 상황이 탈바꿈된다. 목차가 뚜렷하면 선택과 결정에서 일관성을 지닌다. 그러면 삶에도 맥락이 생긴다. 그래서 어느 순간, 인생이 힘을 받는다. 목차대로 100번 정도 지속하다 보면 리듬을 타게 된다. 타인을 감동시키는 단계에 이르면 세상으로부터 인정받는다. 이게 순서다.

진인사대천명(盡人事待天命)이라는 것은 신을 감동시킬 정도의 노력을 말한다. 하늘은 스스로 돕는 자를 돕는다. 내 행동이 주변을 감동시킬 정도는 되어야 한다. 이것은 계속 목차를 짜고 그 아래 하위개념을 두면서 실천해나가는, 성공체험을 통해 가능하다.

설계도 없이 짓는 집은 사상누각이다. 목차가 없으면 열심히는 하지만 추후 어떤 결과가 나올지 예상할 수 없다. '하다 보면 되겠지.' 하는 말을 나는 싫어한다. 이것은 비효율적으로 흐를 가능성이 높고 시간을 들인 만큼 성과로 이어지지도 않는다.

우리에게는 하루, 일주일, 한 달, 일 년, 10년의 목차가 있다. 더불어 인생 전체의 목차도 있다. 10대부터 50대까지 대략 10개씩 목차만 잡는다고 해도 50개의 목차를 쓸 수 있다. 같이 작업을 해보자. 브레인스토밍을 통하여 편집에 대한 감도 잡을 수 있다. 인생 전체를 볼 수 있다. 자서전 형식이니 꼭지만이라도 직접 세부 내용을 작성해도 좋을 것이다.

목차

맥락을
찾아라

다중지능은 하버드 대학의 '하워드 가드너' 박사 이론이다. 인간의 여덟 가지 지능을 말하는데 기존 아이큐는 언어지능과 논리수학지능만으로 지능을 평가했다. 하지만 다중지능은 대인관계지능, 자기이해지능, 공간지능, 논리수학지능, 신체운동지능, 음악지능, 언어지능, 자연탐구지능의 8가지 지능이다.

대인관계지능은 사람 관계를 능숙하게 만들어가는 지능으로 볼 수 있다. 사람은 사람에 의해 영향받는다. 주변을 좋은 사람들로 채울 수도 있고, 그저 끼리끼리 놀다 가는 부류로 채울 수도 있다. 대인관계지능이 높은 사람이 아무래도 리더십이 뛰어나다. 낯을 가리거나 까칠한 유형은 이 지능이 높지 않기 때문에 연구직이나 혼자 할 수 있는 업종에 더 유리하다.

다음으로 공간지능이 있다. 공간지능은 말 그대로 공간에 대한 지능이다. 인간이 사는 세상은 태어나서 죽을 때까지 공간으로 꾸며져 있다. 자동차 안, 자신의 방, 사무실도 공간이다. 이 지능은 자신에게 주어진 공간을 얼마나 유리하고도 적합한 공간으로 만드느냐 하는 것이다. 공간이야말로 인간이 자신의 창의성을 보여주기에 적합하다. 물론 자기 정리까지를 포함해서다. 특히 파일럿이나 인테리어 디자이너, 디스플레이어 등은 공간지능이 높아야 한다.

다음은 신체운동지능을 들 수 있다. 이 지능은 몸의 유연한 움직임을 말한다. 이 지능이 높으면 학창시절 엉덩이를 붙일 수 없다. 가만히 앉아 있지 못하는 이유는 에너지가 높은 탓이다. 주로 경찰대를 가거나 군인, 스포츠, 모델, 엔터테인먼트 계통으로 나아갈 사람들이 필요로 하는 지능이다. 활동적인 직업군을 포함한 모든 사람에게 필요한 지능이다. 신체운동은 사람의 활동력과 관계한다. 고인 물에서는 행운이 올 수 없는 법, 사람과의 활동적인 교류를 통해 행운도 끌어들인다.

다음은 음악지능이다. 이 지능이 높으면 학창시절 음악을 하겠다고 한 번씩 나선다. 물론 음악지능 이외에도 우뇌라든가, 감성이 풍부해야 한다든가 하는 아티스트의 조건이라는 것이 따라붙지만 말이다. 아티스트는 사람들에게 감동을 주는 직업군이다. 자신이 먼저 감성적이어야 하는 이유는 자신이 젖어들지 않은 음악성으로 관객을 감동시킬 수 없기 때문이다. 음악성이 좋으면 청각지능이 좋다는 것이고, 그만큼 귀가 발달했다는 것이다. 음악지능은 예술가가 되지 않는다 하여도 취미로 자신을 힐링할 수 있는 좋은 도구가 된다.

다음은 언어지능이다. 언어지능은 살아가는 데 있어 논리수학지능만큼 중요하다. 우리가 듣고, 읽고, 말하고, 쓰고 하는 모든 것들이 여기에 해당된다. 다른 조기교육은 다 반대해도 언어만큼은 조기교육이 필요하다. 언어지능이 높으면 인풋만큼 아웃풋이 된다. 독서를 좋아한다면 배경지식이 촘촘하게 쌓여 표현으로 나올 때 유리하다. 세상은 어휘를 얼마나 다양하게 쓰느냐에 따라 더 풍요로운 삶을 살게 된다. 청각지능이 높으면 측두엽이 높은 것으로 암기를 하거나 고시 공부에도 더 유리하다.

다음은 자연탐구지능이다. 이 지능은 과학에 대한 호기심이나 식물, 동물에 대한 관찰 모두를 포함한다. 과학책을 즐겨 읽거나 박물관, 과학

캠프, 실험, 관찰에 호기심 갖는 아이는 이 지능이 높다고 볼 수 있다. 하지만 부모들은 이 지능을 잘 살려주지 못했다. 부모 세대는 이 지능에 대하여 교육을 제대로 받지 못하였기 때문에 안목도 없다. 이 지능이 높으면 눈썰미도 좋아 요리를 하게 되더라도 데커레이션에 능하다. 디자이너를 할 경우에도 변별이나 도상 능력이 뛰어나다.

마지막으로 가장 중요한 내면지능이 있다. 자기이해지능이라고도 부른다. 이 지능이 인생에서 가장 중요한 것은 이 지능이 높으면 최악의 환경에서도 최선을 일구어낸다. 자기주도학습을 잘할 수 있는 유형이다. 자수성가한 사람들은 보통 이 지능이 높다. 누군가는 "~때문에"를 말할 때, "~그럼에도 불구하고"를 말하고 환경을 개척한다. 내면지능은 자신을 돌아보는 성찰지수를 포함한다. 주로 일기 쓰기 같은 정리를 통해 더 높아질 수 있다. 물론 자기계발서는 아주 좋은 도구이다. 주로 전두엽에 해당된다.

주변의 말을 참고는 할지언정 자신에 대해 모른다면 그 어떤 계획도 세울 수 없다. 자아탐구 없이 필살기는 계발되지 않는다. 일찍부터 편집력을 발휘해야 하는 이유다. 나에 대해 모른다면 무엇을 계발하여 필살기로 만들지 알 수 없다. 지능과 기질은 잘 부합될수록 좋다.

"한다고 되겠어?"

이런 부성적인 말을 듣는 것도 자신 탓이다. 근거를 보이는 일을 게을리했기 때문이다. 하나씩 달라지는 모습을 드러내면 주변 협조가 따른다. 그런 믿음의 증거 없이 거창한 계획을 세울 때 주변에서는 당황스러워한다. 나비의 법칙처럼 믿음의 증거를 보이는 것이 주변의 저항을 없애는 방법이기도 하다.

주변 사람 다섯 명이 나의 미래 모습이라는 말이 회자된다. 어떤 사람과 말을 섞고 어떤 사람과 어울릴지는 편집에 따라 다르다. 우리는 사람이라는 환경을, 공간이라는 환경을, 시간이라는 환경을 편집할 수 있다. 선택에 대해 유기, 방임, 묵인하는 것도 편집력이다.

인생에서 주체적이라는 것은 타자적 삶을 살지 않는 경우다. 강점을 극대화시켜 자아를 실현하는 일이다. 자아를 실현한다는 것은 강점이 세상에 잘 펼쳐질 수 있도록 스스로를 응원하면서 나아가는 것이다. 멘토나 모델링을 잘 만나는 것도 자아탐구를 통한 맥락에서 나온다.

우리는 모두 소중한 소우주이다. 각자 자신 안의 신으로부터 최고 인생을 선물 받았다. 다만 그것을 인정하지 않기 때문에 1차원적인 삶에 머무르게 된다. '당신 안의 신께 인사드립니다.'라는 인도의 인사말 '나마스테'처럼 당신 안의 신이 깨어나기를 바란다.

맥락을 찾는다면 강점은 더 시너지를 낸다. 비슷한 것을 묶는 것만으로도 삶은 시너지를 낼 수 있다. 자신을 잘 파악하여 일에서나, 사람 관계, 현재 상황에서 원하는 맥락을 펼쳐라. 맥락은 분석 이상 가치 있다. 자신의 금맥과 만나 주변에 공익을 펼칠 수 있다면 맥락을 확장한 경우다.

다중지능에서 강점에 대한 맥락을 찾아본다. 좌뇌형이 분석적이라면 우뇌형은 맥락을 더 잘 발견한다.

상대방의 몸짓, 말투, 표정만으로도 감정과 기분을 민감하게 예측하는 능력.

　　좋은 인간관계를 유지하려는 능력.

　　타인에게 생기는 문제를 해결하고 리드하는 능력.

　　→이들은 대인관계지능이 높다.

　　자신을 잘 아는 능력.

　　장단점을 인식하고 스스로 의사 결정을 내리는 능력.

　　자신의 감정, 기분을 잘 조절하는 능력.

　　환경을 개척하는 정신적인 능력.

　　→이들은 내면지능이 높다.

　　색깔, 선, 모양, 형태 등 시공간 세계를 정확하게 인식하는 능력.

　　별을 보고 방향을 정확하게 찾는 능력.

　　사물을 도표, 지도, 그림으로 묘사하는 능력.

　　→이들은 공간지능이 높다.

　　숫자나 규칙, 명제 등의 상징체계에 익숙하다.

　　창조하며 문제를 해결하는 능력.

　　패턴을 잘 발견하는 능력.

　　숫자를 효과적으로 사용하는 능력.

　　5년 후, 10년 후 추론기술 능력을 말한다.

　　→이들은 논리수학지능이 높다.

운동, 균형, 민첩성, 태도 등 몸으로 느낌을 조절한다.

표현하는 능력.

전신으로 율동하고 모방하는 능력.

손을 사용하여 기술적으로 섬세하게 조작하는 능력.

→이들은 신체운동 지능이 높다.

음정, 리듬, 곡조, 멜로디, 음색, 음질에 민감한 능력.

악기를 연주하는 능력.

음악을 이해하고 표현하는 능력.

→이들은 음악지능이 높다.

단어의 소리, 리듬, 의미에 대한 감수성이 민감한 능력.

알아듣기 능력.

표현하는 단어의 활용 기술.

상대방에게 설득력 있게 말하는 능력.

핵심을 꼬집어 전달하는 능력.

→이들은 언어지능이 높다.

꽃이나 풀, 돌처럼 식물, 광물, 동물을 분류하고 인식하는 능력.

기후 형태의 변화에 대한 자연현상에 민감하며 정확하게 탐구하는 능력.

자연환경에 적응하는 능력.

→이들은 자연탐구지능이 높다.

하나에서 열을 확장하는 것은 맥락을 통해서다. 우리는 작은 씨앗으로부터 커다란 나무를 본다. 내 안의 잠재능력을 발아하라. 100가지 맥락을 찾는다며 재능이 100배로 확장되는 놀라운 체험을 할 것이다.

재배열
하거나
재배치
하라

파울로 코엘류의 《연금술사》에서는 인생이라는 이상과 현실의 조화에 대한 이야기가 나온다. 인생에서 방향성이 있어야만 현실에서 충실할 수 있다는 이야기다. 세상의 모든 아름다움을 보면서도 동시에 숟가락에 담긴 기름 두 방울을 잊지 않는 것이 인생이라는 가르침을 담고 있는데, 우리에게는 이상과 현실이라는 카테고리가 영원한 숙제로 남는다.

어떤 상인이 '행복의 비밀'을 배워오라며 아들을 세상에서 가장 뛰어난 현자에게 보냈다. 그 젊은이는 사십 일 동안 사막을 걸어 산꼭대기에 있는 아름다운 성에 이르렀다. 저택에는 젊은이가 찾는 현자가 살고 있는데, 큼직한 거실에서 아주 정신없는 광경이 벌어지고 있었다. 장사꾼들이 들락거리고, 사람들이 왁자지껄 이야기를 나누고, 식탁에는 산해진미가 차려졌고, 감미로운 음악을 연주하는 악단까지 있었다.

현자는 이 사람 저 사람과 이야기를 나누고 있었다. 젊은이는 자기 차례가 올 때까지 두 시간을 기다려야 했다. 마침내 젊은이의 차례가 되었을 때, 현자는 지금 당장 행복의 비밀에 대해 설명할 시간이 없다고 하며, 우선 자신의 저택을 구경하고 두 시간 후에 오라고 했다. 그리고 그전에 지켜야 할 일이 있다며 기름 두 방울이 담긴 찻숟가락을 건넸다.

"이곳에서 걸어 다니는 동안 찻숟갈의 기름을 한 방울도 흘려서는 안 되오."

현자는 젊은이에게 말했다. 젊은이는 계단을 오르내릴 때도 찻숟가락에서 눈을 뗄 수 없었다. 두 시간 후에 다시 현자 앞으로 돌아왔을 때 현자는 젊은이에게 물었다.

"그대는 내 집 식당에 있는 정교한 페르시아 양탄자를 보았소? 정원사가 십 년 걸려 가꿔놓은 아름다운 정원은? 서재에 꽂혀 있는 양피지로 된 훌륭한 책들도 좀 살펴보았소?"

젊은이는 현자의 질문에 당황했다. 아무것도 보지 못했노라고 고백했다. 그의 관심은 오로지 기름을 한 방울도 흘리지 않는 것이었으니 계단을 오르내릴 때도 찻숟가락에서 눈을 뗄 수 없었다.

찻숟가락은 나, 바로 앞의 일, 내 것, 나를 위한 시간을 말한다.

현자는 다시 내 집의 아름다운 것들을 상세히 살펴보고 오라고하며 덧붙인다.

"자신이 방문한 집에 대해서는 관심없고 오로지 자신의 목적에만 신경쓰는 사람을 어떻게 신용할 수 있겠소."

이제 젊은이는 편안해진 마음으로 찻숟가락을 들고 다시 저택을 구경했다. 이번에는 저택의 천장과 벽에 걸린 모든 예술품들을 자세히 살펴볼 수 있었다. 정원과 주변의 산들, 화려한 꽃들, 저마다 제자리에 꼭 맞게 놓여 있는 예술품들의 고요한 조화까지 모두 볼 수 있었다. 다시 현자를 찾았을 때 젊은이는 자기가 본 것들을 자세히 설명했다. 그때 현자는 다시 물었다.

"그런데 내가 그대에게 맡긴 기름 두 방울은 어디로 갔소?"

그제야 젊은이는 숟가락을 살피면서 기름이 흘러 없어진 것을 알아차렸다. 현자는 가르침은 이것 뿐이라면서 이렇게 말했다.

"행복의 비밀은 이 세상의 모든 아름다움을 보는 것, 그리고 동시에

숟가락 속에 담긴 기름 두 방울을 잊지 않는 데 있도다."

이상과 현실에의 조화이다. 인생이 힘든 것은 숟가락의 기름을 떨어뜨리지 않으면서 주변 풍경까지 놓치지 않아야 하는 어려움에 있다. 이것은 현재 시간을 살면서 미래 시간까지 놓치지 않아야 하는 버거움이다. 미래를 위한 시간 할애가 많을수록 현재 삶은 희생이라는 고리에서 벗어날 수 없다.

현재 시간과 미래 시간을 재배열하라. 꿈을 향해 가는 사람은 복리의 시간을 산다. 복리의 시간은 소비되는 시간이 아니라 누적되는 카이로스 시간이다. 밀도 높은 카이로스 시간이 아니라면 편집력을 발휘해야 할 이유도 없다. 항상 현재와 미래 시간 사이에서 갈등하는 사람이라면 더 의미 있는 시간을 살아야 한다. 물리적인 시간관리는 1차원적인 것이다.

최악이 최선을 구축한다. 어떤 방향으로 편집하느냐에 따라 일생이 달라진다. 현재 환경에서 최선을 찾는 자세가 중요하다.

다산 정약용의 예를 들어보겠다.

정조가 가장 아꼈던 신하는 다산 정약용이었다. 다산은 한림학사와 홍문관 교리, 암행어사, 곡산도호부사, 동부승지, 형조참의 등의 관직을 역임했다. 조선후기 문예부흥을 이루면서 문신이자 기술 관료로서 온갖 능력을 발휘한다.

그러나 정조의 급작스런 서거 이후 억울한 누명을 쓰고 18년간의 긴 귀양살이를 하게 된다. 유배지 강진에 도착한 다산은 먼저 일생의 방향성을 정한다. 환경이 달라지면 인생 개념도 달라져야 마땅하다. 환경이 달라지는 데서 나오는 방향성은 곧 편집력이다. 다산은 한양에서와는 다른 유배지에서의 최선인 삶을 선택한다.

"이제 나는 겨를을 얻었다. 하늘이 나에게 학문을 연구할 기회를 주었다. 벼슬하느라, 당파에 시달리느라 책도 못 읽고 저술도 못 했는데 이제부터 본격적으로 학문연구에 몰두하자!"라고 했다.

다산은 유배지의 환경을 '학문을 연구할 기회'라고 정의 내렸다. 유배생활 동안 보통 사람으로는 생각할 수 없는 다작을 했는데, 철저한 시간 관리를 하여 학문적인 대업을 이루었다. 1표 2서(경세유표, 목민심서, 흠흠심서)를 비롯한 232권의 경집과 문집 260여 권, 마과회통 등의 의학서적을 포함해 550권의 저서를 남겼다. 저술에 대한 놀라운 편집력이다.

다산이 지녔던 지식경영법은 훌륭한 지식의 편집이다. 저술이라는 편집력과 함께 지식의 편집력이 없었다면 다작을 생산해낼 수 없다. 지식의 재배치, 재배열에 따라 각각 다른 주제의 책이 양산되었다. 이것은 책에 대한 편집력이자 인생 저술활동에 대한 편집력을 포함한다.

환경, 삶, 일, 시간의 재배열을 해보자. 인생의 방향이 정해지고 난 다음 시간이 질적으로 흐른다. 즉 물리적인 크로노스의 시간을 사는 것이 아니라 의미로 채워진 카이로스 시간을 살게 된다. 어떤 시간을 사느냐에 따라 편집력의 차원은 달라진다. 환경, 시간, 공간, 일상, 관계 등을 재배치하거나 재배열해본다. 시간의 활용에 대해 재배치해본다면 새벽 시간만 잘 활용해도 1년이면 엄청난 시간이다. 새벽 한두 시간에 글 한 편이면 1년이면 충분히 책 한 권을 낼 수 있다. 주변에서 프리랜서나 1인 기업가의 경우, 모든 일을 혼자 처리한다. 자주 재배열하거나 재배치하라.

시간에 대한 개념의 재배열(재배치)에 따른 활용법(한 가지 택일)

	새벽 시간 (2시간)	밤 시간 (2시간)	주말 시간 (10시간 이상)
1개월차			
2개월차			
3개월차			
4개월차			
5개월차			
6개월차			
7개월차			
8개월차			
9개월차			
10개월차			
11개월차			
12개월차			

* 카이로스 인생인 경우 새벽 시간, 밤 시간, 주말 시간에 대해 편집력을 발휘하면 밀도 높은 시간을 산다. 원하는 것을 몇 가지 더 이룰 수 있다. 단 한 가지 길에 대한 R&D이다.

본질만
남기고
압축하라

본질만 남기고 압축하라. 압축하는 연습은 일상에 녹아 있어야 한다. 주로 신문이나 글의 제목, 부제와 연관된다. 한 문장으로 요약하는 연습을 할수록 시간은 절약된다. 부연설명하는 것보다 압축 기술이 필요한 것은 편집에서의 압축은 제목이나 발문에 해당된다. 간단한 한 문장으로도 효과를 불러일으킬 수 있는 것은 압축미 때문이다.

영혼이 담긴 한 문장으로도 우리는 얼마든지 효과를 거둘 수 있다. 필요 없는 군더더기를 제거하는 기술만으로도 삶은 달라진다. 언어도 장황스럽게 사용하는 것보다 군더더기 없이 말하는 사람에게 신뢰가 간다. 문체나 말이나 사람을 닮는다. 무엇이든 소박하고 담백한 것이 좋다. 그것에 대해 내가 알지 못하면 그러한 삶이 내게 들어올 수 없다.

임지호는 자연 요리 전문가다. 자연 속에서 멋과 맛을 터득해가는 즉흥 요리 전문가이다. 예술가들이 하는 몇몇 식당의 주방장, 불교방송 요리 칼럼니스트, 프리랜서 요리 연구가 겸 코디네이터 등으로 일했다. 요리 행위 예술가, 요리 철학자, 자연 요리 연구가, 한국 요리 외교관 등으로 알려져 있다.

40여 년간 집을 떠나 떠돌아다니며 배고플 때는 이름 모를 마을에 들어가 음식을 얻어먹으며 그 지역 음식의 특징과 조리법 등 손맛을 배우며 살았다. 여덟 살 때 첫 가출을 경험하고 열세 살 무렵 세상에 대한 강한 호기심으로 전국 팔도를 돌며 유랑한다. 중식집, 한식집, 요정, 분식집, 양식집 할 것 없이 돌아다니며 닥치는 대로 일한다.

그는 하늘 아래 온갖 재료를 다 활용해 음식을 만든다. 1년에 몇 달은 산속이나 바닷가에 머물며 새로운 재료를 구한다. 처음 보는 풀을 맛보다 독이 퍼져 혼수상태에 빠진 적도 여러 번 있었다. 들풀, 야생화, 매미 껍질, 구더기, 닭똥이나 생선 비늘까지 자연의 모든 것을 요리 재료로 실험하여 활용한다.

배가 고파 풀을 뜯어 먹었고, 이름 모를 마을에 들어가 신세 지며 어머니들의 손맛을 배웠다. 양평에 '산당'을 내고 정착하여 음식점을 연 것은 10여 년 전이다. 하지만 식당에는 특별한 메뉴가 없었다. 매일 즉흥 요리를 하기 때문에 그날 스페셜 요리는 언제나 기분과 재료에 따라 달라졌다. 그러한 그를 알아본 것은 외국인들이 먼저였다. 외국 방송에도 출연하는 등 한국 음식을 알렸다.

〈인간극장〉에서 그를 보았다. 자신의 삶과 요리 철학을 요리 레시피에 담는 모습이었다. 적어도 외부 욕망으로 살지 않았다. 자신에게 정직하여 스스로 무엇을 하고 싶은지 묻고 거기에 충실한 삶을 사는, 자기 길을 알고 걸어가는 사람으로 보였다. 요리 행위 예술가라고 불릴 만큼 길에서 만난 어머니들과 함께 온갖 재료로 요리하는 모습을 즐겼다. 그에게 모든 요리 재료는 실험이었다.

그는 음식 만드는 일은 수행이며, 음식 만드는 일을 하는 사람은 수행자라고 한다. 스승은 자연이었고, 손님은 길에서 만난 어머니들이었다. 재료가 없으면 뒷산에 올라가 이름 모를 풀을 뜯고 그릇이 없으면 독을 깨 접시를 만든다. 40년 넘은 떠돌이 생활은 내적인 욕망에 충실한 시간이었다. 요리는 세상 사람을 만나는 통로였으며 어린 시절의 아픔을 이기는 진통제였다.

스스로와 소통하면 정직한 욕망을 알 수 있다. 자신과 소통이 이루어져야 원하는 것도 정확하게 안다. 후회 없는 인생이란 이런 것이다. 결핍은 외부로부터 느끼는 것이 아니라 내부로부터 느껴지는 것들이다. 외부적인 결핍은 상대적 박탈감을 불러일으키지만 자신에게 정직한 결핍은 비상구가 된다.

일을 선택할 때는 그 일을 진정으로 원하고 즐기느냐 하는 것이다. 더불어 주변에, 세상에 공헌할 수 있는 가치가 있느냐 하는 것이다. 시간이 지나면서 그 일의 세상 기여 정도에 따라 경제적 보상이 뒤따르는 패턴이어야 한다. 좋아서 하는 일을 만나면 우선 즐겁다.

좋아서 하기 때문에 창의성을 발휘하게 되고 그 결과가 좋으니 동기부여된다. 충전과 자기 발견을 번갈아 하며 도전하고 진화한다. 그것은 주변에 점점 전파되어 함께 일하고 싶어 하는 사람이 늘어난다. 단지 먹고살기 위해 썩 내키지 않는 일을 그럭저럭 하는 사람과는 차원 다른 인생을 살게 된다.

당신은 그런 신나는 기운을 얼마나 퍼뜨리는가?
가짜 욕망에 속지 마라.

《왜 공부하는가》에서 김진애 저자는 인생의 어느 시점에 책 읽기에서 책 쓰기로 넘어가게 되었다. 1991년에 첫 책으로 《서울성 Seoulness》을 낸 후 '1년에 책이나 한 권씩 쓸까?' 하는 생각을 했다. 그 생각이 지금까지와는 다른 독서법으로 이어지게 되었고, 지금은 책을 기다리는 고정 독자들도 생겨났다. 무엇보다도 꾸준하게 글을 쓰고 있다. 책 읽기뿐 아니라 책 쓰기가 그녀의 인생 안으로 들어온 후에 어떤 면에서 달라졌을까.

삶의 여러 체험들을 가벼이 넘기지 않게 되었다는 점이다. 호기심이 더욱 발동하여 일상에 문제제기를 하게 된다. 그러하니 모든 것이 책을 쓰기 위한 소재가 되었다. 주변 세계의 현상을 자세히 관찰하고 사람들의 행위를 예의 관찰한다. 무엇보다 자신을 관찰하는 습성이 생겼다. 인생이 훨씬 더 풍부해졌고 또 정교해졌다. 어느 한 가지 체험을 할 때마다 책 쓸거리가 넘쳐난다.

프로젝트를 끝내도 그렇고, 어느 직책을 해보고 난 후 세상엔 왜 이렇게 책 쓸 거리가 많으냐는 생각뿐이다. 죽기 전에 꼭 쓰고 싶은 책 리스트가 있을 정도다. 인생에서 가지 못했던 길을 책 쓰기라는 방법을 통해 걸어보리라는 생각이다. 쓰기에 관련된 이 모든 계획들은 여전히 가슴 두근거리게 만든다. 책을 쓰게 됨으로써 가슴 뛰는 삶을 살게 된 것이다.

저자는 "어떤 사람이든 일생에 책 세 권은 써야 한다. 자신의 일을 시작할 무렵 두근두근하는 선택과 희망에 대해서 쓰는 책, 본격적으로 일한 경험을 토대로 냉철하게 자신의 노하우를 알리는 책, 상당한 경험이 쌓인 후에 통찰과 지혜를 담아 전체적인 조망을 하는 책이 그것이다. 어떤 분야에서 일하는 프로이든 이런 세 가지 책의 개념을 머릿속에 갖고 있다면, 일에 대한 공부와 자신에 대한 공부와 사회에 대한 공부를 철저히 하게 된다."는 것을 강조한다.

우리는 어느 순간, 자신과 가까워질 수 있는 계기를 만난다. 그때의 행동이 더 자아답게 만든다. 우리의 하루, 하루는 참자아에 가까워지는 날이어야 한다. 당신의 인생에 어떤 장면을 넣을 것인가. 본질만 남기고 압축하라. 삭제 버튼을 더 자주 눌러주어라. 가장 좋아하고 잘하는 것만 남기자. 이름이 곧 브랜드가 되는 날까지…….

핵심으로
최적화
하라

핵심으로 최적화하라. 이것은 주제를 안다는 것이다. 편집에서도 중요한 부분은 따로 떼어 한 번 더 써준다. 따옴표로 강조하거나 발문으로 따로 빼내 눈에 띄게 디자인한다. 한 번 더 강조하는 것은 무조건 중요한 부분이다. 삶에서도 이러한 강조가 있다. 곧 핵심이다. 본질을 말하는 것인데 시청각에 가려진 것이 아니라 마음의 눈으로 본질을 찾아야 한다. 심안이나 영안이 요구되는 부분이다.

학창시절 언어영역에서 핵심을 모르면 낭패다. 불필요한 시간에 점령당한다. 이런 부류는 열심히 학습하지만 그 시간만큼 효용성이 높지 않다. 불필요한 부분에 에너지를 쏟기 때문이다. 인생도 텍스트라고 본다면 마찬가지다. 불필요한, 비핵심적인 부분에 치중한다면 자칫 본질이 흐려지기 때문에 일에서 최고의 효과를 거두기 어렵다. 비본질에 소모되는 부분이 많기 때문이다.

불필요한 부분을 과감히 제거하는 데서 우리는 본질을 찾을 수 있다. 나의 캐릭터를 확실하게 하는 것이 좋다. 이름이 브랜드가 된 사람들은 이런 부분에서 집약된 핵심으로 최적화를 완료한 사람들이다. 핵심을 잘 이해하고 핵심 위주로 일상이 편집되어진 상태로 산 것이다. 핵심이라는 필터에 걸러 불필요한 곳에 에너지를 낭비하지 않았다.

보고서 작성을 할 때 핵심 아닌 부분은 과감하게 생략하듯 인생도 적재적소에서 핵심을 짚을 줄 알아야 한다. 그래야 군더더기가 없다. 담백한 것을 싫어할 사람은 거의 없다. 필요 없는 말을 하지 않는 사람이 하는 말은 한마디에도 힘이 실린다. 불필요한 행동을 하지 않는 사람은 작은 행동에도 무게가 실린다.

자주 텍스트를 대하고 주제를 가려 뽑는 연습을 한다. 최근 본 영화나 드라마 또는 책에서 알게 된 주제는 무엇인가. 작품의 메시지는 곧 작가가 말하려고 하는 것이다. 그것이 주제이다. 제목이 주제를 함의하고 있는 경우도 많다. 자주 핵심을 말하면 주제를 말하는 연습이 된다. 편집력이 연습된 사람은 핵심을 더 자주 말한다.

미국 백악관 기자실의 전설로 불려온 여성 언론인 헬렌 토머스는 93세로 별세했다. 93세의 나이로 자신의 세계에서 사명을 다했다. 그녀의 죽음에 버락 오바마 대통령은 "헬렌 토머스는 여성 언론인의 벽을 허문 진정한 개척자."라고 했다. 노후까지 자신의 분야에서 존재감을 발휘했는데, 60여 년 기자생활 중 50년 가까이 백악관 출입을 했다. 존 F. 케네디 대통령에서 오바마 대통령에 이르기까지 10여 명의 대통령을 취재했다.

그녀는 누구보다 집요했고, 누구보다 직업정신이 투철했다. 레바논 이민 2세인 헬렌 토머스는 가난한 야채상의 딸로 태어나 아르바이트로 학비를 벌면서 저널리즘을 전공했다. 그리고 대학을 졸업하자 본격적인 기자생활을 했다. 최초의 여성 기자클럽 멤버, 최초의 여성 백악관 출입기자, 중견언론인 모임 그리다이언 클럽에 가입한 최초의 여성, 백악관 기자협회 최초의 여성 회장 등 '최초'란 수식어가 많다.

1960년대 초부터 백악관 브리핑룸의 맨 앞줄에 앉아 대통령에게 공격적인 질문을 퍼부은 일로 유명했다. 한때 백악관 브리핑룸에서 열린 대통령 기자회견은 헬렌 토머스의 "감사합니다. 대통령님(Thank you, Mr.

President).”이라는 인사말로 시작해 그녀의 인사말로 끝내는 것이 기자회견의 순서가 될만큼 익숙한 풍경이 되었다. 그녀는, “대통령이란 자리를 존경하지만 국민의 공복(公僕)을 숭배하지는 않는다. 그들은 우리에게 진실을 빚지고 있다.”고 할 만큼 핵심을 짚었다.

물론 기자라는 직업 때문에 말이 촌철살인일 수 있다. 하지만 핵심을 그만큼 잘 건드렸기 때문에 전설로 불렸을 것이다. 93세까지 직관이든 영감이든 기자로서의 사명을 톡톡히 발휘했다. 이렇듯 핵심을 잘 찾는 사람은 일상에서도 주도권을 쥔다. 편집력에서 오는 노하우다. 핵심을 잘 짚으면 천직의 R&D 방향도 잘 발견한다.

천직을 찾았다는 것은 삶에서 주도권을 쥔 상태다. 얼마든지 자신의 삶을 스스로 개척해나갈 수 있다. 씨앗만 있으면 무에서 유를 창조할 수 있다. 그 씨앗은 바로 자신 안에 있는 가능성이다. 완벽한 것이 중요한 것이 아니라 핵심을 최적화하는 것이 중요하다. 완벽은 순간적인 완벽만 있을 뿐, 물리적인 모든 것들은 속성상 변한다.

당장 1년만 편집력을 발휘해보라. 현실은 창조하는 것이다. 넓게 보면 기회와 가능성은 주변에 있다. 다만 타성으로 못 볼 뿐이다. 의식이 열려 있지 않은 탓이다. 미래의 가장 바람직한 형태는 스스로 디자인할 수 있는 미래여야 한다는 점이다. 미래는 무조건 주체의식을 바탕으로 한 것이어야 한다. 먼저 원하는 인생을 생각하라.

인생은 졸업, 취업, 결혼, 육아, 집 마련, 교육, 승진, 노후준비, 은퇴 등의 프로세스를 밟는다. 무엇에 가치를 두고 살아야 하는 걸까. 미래를 담보로 현재를 무작정 희생하며 살 수는 없다. 그러므로 기질에 맞는 일을 찾아 노력한다. 결과만 의식했을 경우 채 자신을 알지 못한 상태에서 외부적인 조건만 만족시키며 달려갈 수 있기 때문이다. 내부 욕망은 모른 채 외부 기준에 의해 자신을 맞춤형으로 만들게 되면 왜 달리는지도 모른 채 계속 달리기만 하는 현상이 벌어진다.

내면의 울림 같은 것은 놓친 채 영혼 없이 달려가면 과부하에 걸리기 쉽다. 자신의 속도를 모른 채 달린다면 멀리, 오래 달리지 못한다. 인생은 마라톤이다. 속도 조절이 중요하다. 속도 조절 역시 핵심을 볼 줄 안다면 유리하다.

핵심을 간파하는 능력 배양이 중요하다. 예를 들어 책을 읽으며 주제를 찾는 연습을 해본다. 주제를 찾는 연습만으로도 우리는 알맹이 보는 법을 습득할 수 있다. 알맹이가 빠진 채 말하는 사람, 알맹이 없이 사는 사람, 알맹이 없는 시간을 보내는 사람, 알맹이 없는 만남을 갖는 사람 모두 주제를 안다면 그것을 극복할 수 있다. 주제를 한 줄로 정리하는 일은 하루의 주제, 한 달의 주제, 일 년의 주제, 내 인생의 주제를 만날 수 있게 한다. 주제는 곧 본질이다. 핵심을 모르면 비본질로 흐르기 쉽다. 핵심을 선택하지 않는 것도 선택이다. 무수한 선택지에서 최적의 핵심을 취하라.

의미를
부여하라

공방형 카페, 농가 레스토랑, 못난이 과일 판매, 도시농업 설계사, 대체에너지교육 전문회사, 가로수 디자이너, 한옥 관리사, 리사이클 전문업체, 그린 빌딩 인증 전문가, 자전거 지도 제작사업, 범죄피해자 전문치유사, 미담신문사, 농촌 기획자, 애견 제빵사, 동물 심리치료사, 이혼 플래너, 양육 코디네이터, 입양 사후 관리사, 주민 소통 전문가, 창조적 시위 디자이너, 외국인 여행자 친구 서비스 사업자, 글로벌 에티켓 강사, 복지주거환경 코디네이터…….

우리나라 전체 직업 수는 약 1만 5천여 개로 일본의 절반 수준이다. 《세상을 바꾸는 천 개의 직업》에서 박원순 서울시장은 변호사 시절, 전세계 구석구석을 종횡무진하며 천 개의 직업을 발굴했다. 하나같이 참신하고 창의적인 분야들이다.

현재 우리의 현실은 박사학위 들고 일용직을 구해야 하는 상황이다. 어떤 프레임을 갖느냐는 개인 몫이다. 자아를 실현하는 경우는 20% 정도밖에 되지 않을 것이다. 우리는 타인과의 경쟁이 아니라 자신과의 경쟁을 통하여 자유로운 나비가 될 수 있다. 이 땅에 태어난 의미를 잘 발견할 수 있어야 나이 들어도 헛헛하지 않을 것이다.

남을 밟고 짓눌러야 하는 구조가 아니라 나를 넘어섬으로 보다 많은 이타를 실현할 수 있다. 우리 모두는 각자의 길에서 성공할 수 있다. 하지만 대부분 준비되지 않은 상태에서 직업을 선택한다. 학교 성적이나 부모님의 권유 그리고 유행하는 직종을 선택하는데, 이것은 기둥에 오르는 일이지 고치를 찢어 나비가 되어 날아오르는 일은 아니다.

젊은 시절, 내렸던 결정은 삶 전체에 전반적인 영향을 미친다. 전공을 바꿔 편입하거나 취업할 때 다른 분야를 선택하기도 하지만 그것 역시 본인이 주도적으로 결정하지 못한다. 주변의 의견에 더 많이 휘둘린다.

오늘도 이른 새벽부터 일터로 향하는 사람들로 붐빈다. 꽉 막힌 도로, 만원버스, 바쁘게 출근하는 사람을 붙잡고 물어보라.

"정말로 만족하는 일을 하고 있습니까?"

자신의 인생을 유기하거나 방임해서는 안 되는 이유는 다른 사람은 속여도 자신은 오랫동안 속일 수 없기 때문이다. 외부 기준에 맞춰 살게 되면 일이 신날 수 없다. 타인과 나는 기질과 강점이 다르기 때문이다. 이것은 자발적인 미래 설계를 방해한다.

고치를 찢는 일이 아닌 것은 선택하지 마라. 고치를 찢어 나비가 되는 일이 아닌 것에 편집력을 발휘하지 마라. 편집력은 오로지 당신이 나비가 되는 것을 도울 수 있어야 한다. 단계를 밟아나가라. 나중에 희끗희끗해지는 머리카락과 주름살만 남지 않으려면 스스로 주체가 되어 자기를 넘어서야 한다.

'나만이 할 수 있는 일, 내가 보다 잘할 수 있는 일, 강점을 발휘하는 일을 통해 고치를 찢는다.'

보다 자유로운 영혼이 되는 것이다. 다른 사람 기준에 맞춰 살수록 능력의 최대치를 발휘할 수 없다. 작가이자 환경운동가인 트리나 폴러스의 《꽃들에게 희망을》은 스테디셀러이다. 자아를 찾아 나선 한 줄무늬 애벌레에 대한 이야기인데, 줄무늬 애벌레는 우리 모두를 닮았다. 알을 깨고 세상 밖으로 나온 줄무늬 애벌레는 초록빛 나뭇잎을 먹고 또 먹어 몸이 자꾸만 커진다. 이때 줄무늬 애벌레는 먹는 일을 멈추고 생각한다.

"그저 먹고 자라는 것만이 삶의 전부는 아닐 거야. 이런 삶과는 다른 무언가가 있을 게 분명해."

줄무늬 애벌레는 이상을 찾아 땅 위 세상으로 내려온다. 그러다 애벌레 기둥을 만난다. 많은 애벌레들이 꼭대기에 오르려고 기를 쓰고 있다. 꼭대기는 구름에 가려 보이지 않는다. 줄무늬 애벌레는 사방에서 떠밀리고 채이고 밟히면서 그 수많은 애벌레들 속으로 들어간다.

밟고 올라가느냐, 아니면 발밑에 깔리느냐……

줄무늬 애벌레는 노랑 애벌레를 만나 기둥에서 내려온다. 풀밭으로 내려온 두 마리 애벌레는 사랑을 하면서 행복하게 지냈지만, 시간이 흐르자 다시 이게 삶의 전부는 아닐 것이라고 생각한다. 무언가가 더 있는게 분명하다는 생각에서 다시 애벌레 더미 속으로 떠난다. 다시 애벌레들 틈에서 정신없이 기둥을 오르던 노랑 애벌레는 나뭇가지에 거꾸로 매달려 있는 늙은 애벌레를 만나게 된다. 늙은 애벌레는 어떻게 하면 나비가 되는가를 들려준다.

"날기를 간절히 원해야 돼. 애벌레로 사는 것을 기꺼이 포기할 만큼 간절하게."

노랑 애벌레는 몸에서 실을 뽑아 고치를 만든다. 결국 나비가 된다. 애벌레 기둥으로 올라간 줄무늬 애벌레는 경쟁 끝에 꼭대기에 이르지만 거기에는 아무것도 없었다. 순간, 꼭대기에 오르려면 기어오르는 게 아니라 날아올라야 한다는 것을 깨닫는다. 줄무늬 애벌레는 나비로 변한 노랑 애벌레의 멘토링을 받아 결국 나비가 된다.

경쟁해야 할 사람은 외부가 아니라 자신이다. 나비가 된다는 것은 줄무늬 애벌레처럼 어둡고 단단한 고치 속에서 자신을 넘어서는 일이다. 자신과의 경쟁이다. 무작정 생각 없이 오른 기둥 위에는 아무것도 없다. 고단한 시간을 견딘다는 것은 그만큼 자신의 길에 대한 신념이 있어야 한다. 나비가 된다는 것은 무작정 오르기에서 탈피한 자아실현의 길이다. 내 인생에 부여한 의미만큼이다.

무언가가 된다는 것은 줄무늬 애벌레처럼 사방으로부터 밀리고 채이고 타인을 밟고 가는 경쟁이 아니라 가장 나다운 경쟁으로부터 시작한다. 스스로 고치를 찢고 나오는 일, 하나의 세계를 창조하는 일이다. 자아에 충실한 욕망은 내부적인 욕망이다. 무작정 기둥을 오르는 태도만으로는 인생에 의미를 부여하기 어렵다.

내면의 소리를 듣는 사람은 고치를 찢는다. 그런 성장통 없이는 나비가 될 수 없다. 자신의 길에서 20년~30년 이상 가는 사람은 스스로 고치를 찢어 나비가 된 사람들이다. 뼛속까지 정체성이 확립된 사람이다. 지금 주변의 20~30년 이상 내공을 가진 전문가들을 보라. 울림이 있을 것이다. 고치를 찢는 고통 없이 무작정 경쟁하지 마라. 고치를 찢어야만 차별화가 이루어진다. 나다울 수 있는 것도 나비로 현현할 때다. 이것이 자아실현의 극치이다.

참고서를
만들어라

자기계발서가 성공한 사람의 이야기만 들려주는 경우 그것은 읽는 사람에게 크게 도움되지 않는다. 실질적인 정보로 채워져야 도움을 받을 수 있는데, 너무 개인적인 경우가 많다. 삶에 응용할 수 있는 참고서 같은 것이어야 하지만 보편성을 갖기 어렵다. 답안지 같은 자기계발서는 100번을 읽어도 효과가 없다. 정답만 쥐여주는 것으로는 곤란하다. 사지선다형 시험이 그러하다. 하지만 인생은 주관식이다. 때때로 서술형이 많다. 가끔 논술 같은 어려운 문제도 존재한다. 이때 정답만 아는 방법으로는 문제해결력이 떨어진다. 사유가 연습 안 되면 길 찾는 것이 어렵다. 사유 없이 단번에 답에 도달하려는 생각을 하지 마라.

번뜩이는 직관이 아닌 다음에야 우리는 객관적인 상황 바라보기를 통해 삶을 성찰할 수 있다.

10억 만드는 법, 부자되는 법, 성공하는 법, 처세하는 법, 인간관계 등 얼마나 많은 자기계발서가 범람하였는가. 하지만 번쩍이는 자신의 사유로 깨닫는 것이 답안지다. 같은 상황이 되풀이되는 경우는 드물다.

성공담의 주인공은 고치를 스스로 찢어 나비로 변한 이야기를 한 것이다. 수많은 애벌레들이 그의 이야기를 듣고 실행을 해보지만 힘들다. 고치를 찢는 고통을 겪지 않고 기둥을 기어오르는 애벌레들의 대열에 합류한 까닭이다. 모든 성공담이 그러하다. 당사자에게만 해당되는 내용들이다.

유채림은 소설가이자 식당 두리반의 주인이다. '홍대의 작은 용산'이란 별칭을 얻었다. 동정 아닌 정당한 대우를 요구하기 위해 531일의 농성을 벌인다. 그의 아내가 홍대 입구에 두리반이라는 칼국수 전문점을 냈는데 그 일대가 재개발된다는 명도변경소송장이 날아왔기 때문이다. 모든 돈을 쏟아 붓고 모자라서 대출까지 받아 시작한 두리반인데 하루아침에 쫓겨나야 했다.

인근에 아주 작은 식당이라도 다시 영업을 할 수 있도록 해달라고 했지만, 건설사는 이사 비용 300만 원을 주며 나가라고 했다. 결국 용역 30여 명이 들이닥치며 두리반의 모든 집기를 들어냈다. 아내는 길바닥에 패대기쳐졌다.

그는 소설책을 5권이나 낸 작가였는데, 어떻게 철거 농성을 할 수 있을까 싶어 엄두가 안 났다. 일주일이 지나 이와 같은 소식을 듣고 후배가 찾아왔을 때 후배에게 물었다.

"작가는 어떤 식으로 싸워야 하지?"

후배는 다음과 같이 말했다.

"작가는 작가의 방식으로 싸워야겠죠."

그는 언론, 잡지 등에 닥치는 대로 기고를 시작한다. 그러면서 한 사람 두 사람, 지역주민, 지역의 진보정당 당원들, 모교 동문들, 다큐멘터리 감독들 그리고 홍대 앞에서 활동하는 인디 밴드들까지 함께한다. 두리반에서는 공연, 영화 상영, 월요하늘지붕음악회, 불킨낭독회, 두리반 밸리댄스, 칼국수 음악회 등 매일매일 문화행사를 열었던 것이다.

다양한 문화행사가 열리면서 더 많은 사람들이 두리반과 함께 하게 되었다. 그 덕분인지 건설사 쪽에서 협상하자, 농성을 끝내려면 얼마를 원하느냐고 물어왔다. 그는 건설사에 보상을 원하는 것이 아니라 배상을 원한다는 말을 전했다.

끝내 홍대 앞에 두리반을 다시 열 수 있도록 합의를 했다. 전기가 끊긴 지는 324일 만이었고 농성을 시작한 지는 531일 만이었다. 작은 식당이 대형 건설사와 싸워 이긴 기적 같은 결과였다. 두리반 협상타결 소식을 〈경향신문〉에서는 1면에 소개했다.

존재 증명은 일에서건, 가정에서건, 인간관계에서건 필요하다. 자기답게 나아가는 것은 유일한 길이다. 을이지만 갑으로 살 수 있는 길이다. 자신을 모른다면 그 강점도 펼칠 수 없다. 참고서를 만든다는 것은 모든 관점을 나의 강점으로부터 푸는 일이다. 다른 사람의 방식으로 해결하지 않고 나의 강점으로 풀어나가는 방식이다.

작가는 작가의 방식으로, 교사는 교사의 방식으로, 기자는 기자의 방식으로, 요리사는 요리사의 방식으로, 만화가는 만화가의 방식으로, 학자는 학자의 방식으로 풀어나간다. 내 것 아닌 것들로부터 기대를 바라지 않고 내 방식대로 풀어나가는 것이다. 인생에는 참고서처럼 내공을 발휘해야 할 때가 종종 있다.

이정일의 《오래된 비밀》에서는 중년 이후 행복한 삶을 사는 사람들의 공통점이 '그동안 얼마나 나답게 살았느냐'라고 말한다. 남의 시선이나 평판에 신경 쓰기보다 스스로 길을 선택하고 묵묵히 살아온 사람들이 노년에도 운이 좋다는 것이다. 삶에서 자유를 얻는 대신 지불해야 하는 대가가 크지만 스스로를 사랑하는 사람에게 운명은 노년에 많은 선물을 한다고 강조한다.

인생은 크게 두 번, 보통 27~33세 그리고 46~52세에 중대한 결정을 강요받는다. '세상이 강요하는 나'와 '나답게 살기 위해 행동하는 나' 사이에서 심각한 갈등을 겪는다. 때로 집단의 가치와 개인의 가치가 충돌하지만 나다운 선택과 집중을 할 때 우리는 운명으로부터 선물을 받을 수 있다. 나답게 살 수 있는 자유를 주어야 후반부에 인생 선물이 온다. 얼마나 나답게 살았느냐를 통하여 그동안 지불한 대가를 고스란히 받을 수 있다는 것이다.

미래를 생각한다면 오늘의 선택은 나답게 살기 위한 선택이다. 그 모든 것이 편집에 관한 것이다. 스스로 선택하고 묵묵히 과정을 살아가는 일이다. 물론 지불해야 하는 대가는 있겠지만 다른 것들에 비해 가치는 클 것이다. 스스로를 사랑하는 사람만이 인생의 선물을 받을 자격도 있다.

우리는 스스로 주체가 되는 것에서부터 인생을 어떻게 살아나갈지 개념이 선다. 누구나 자신의 존재를 증명하고 싶어 한다. 그것을 어떤 방식으로 할 것인가는, 참고서처럼 문제해결력을 가진 것은 오로지 천직으로부터 나온다

성찰이 좋은 것은 자기다운 것에 집중할 수 있기 때문이다. 내가 아닌 것은 불편하고 어색하다. 자연스럽지 않다. 나에 대한 캐릭터와 이미지가 더 선명해져야 한다. 천직으로부터 나오는 문제해결력을 주변에 더 확장할 필요가 있다.

우리에게 정작 힘이 되는 것은 문제해결력이다. 고객 니즈에 대한 문제해결력 역시 참고서에 해당된다. 정보 하나를 고객에게 주더라도 다음

에 혼자서도 할 수 있게 만드는 것이다. 참고서 같은 문제해결력은 고객에게 경외감을 느끼게 한다. 최고인 것은 디테일도 강하다. 한 분야의 대가들은 의외로 섬세하다. 참고서 같은 자잘한 노하우들이 수천 가지다. 척 보면 안다.

이러한 깨알 같은 노하우가 힘을 발휘한다. 인생은 도착점에만 있지 않고 과정에서의 깨알 같은 노하우에 있다. 참고서라는 것은 풀어내는 내공 깊은 문제해결력과 연동된다. 편집하는 인생을 산다는 것은 어느 한 분야의 문제해결력을 최고치로 끌어올리는 작업이기도 하다.

레이아웃을
다시
구성하라

'자아를 찾아 실현하라.'

세상에서 이름이 브랜드가 된 사람들은 자아를 실현한 사람들이다. 내 안의 것을 꺼내 나도 이롭고 세상도 이롭게 한 사람들이다. 그렇다면 잘사는 인생이 된다. 적극적으로 나를 계발하여 인생에서 의미를 부여했기 때문이다. 세상에 이름이 회자되는 사람은 죽어서도 산 사람들이다. 인생은 길이에 있지 않고 어떤 내용으로 살았느냐는 삶의 콘셉트에 있다. 당신은 삶의 내용물을 무엇으로 채우고 있는가.

날마다 매일, 조금씩 해나가는 힘이야말로 진정한 실력이다. 완벽하지 않아도 날마다 해나간다면 점점 좋아지고 주변 인정도 달라진다. 영향력이 확대되면 뜻을 펼쳐 나가기 쉽다. 드디어 여건이 조성된다. 방관자였던 주변이 협조자로 돌아서는데, 내가 어떻게 하느냐에 따라 환경은 차츰 개선된다. 주변에서 지지할 수 있도록 하는 것도 내 자세에 달렸다.

날마다 성장하고 있다는 증거를 보여라.

어니스트 뉴먼의 말이다.
"위대한 작곡가는 영감이 떠오른 뒤에 작곡하는 것이 아니라, 작곡을 하면서 영감을 떠올린다. 베토벤, 바그너, 바흐, 모차르트 등은 경리사원이 매일 수치 계산을 하듯 매일같이 책상 앞에 앉아 작곡을 했다. 그들은 영감을 기다리며 시간을 허비하지 않았다.”

《작가》에서 박상우 작가는 10년쯤 작가로 살면 자기 한계와 자기 결핍을 부정할 도리가 없다고 했다. 10년쯤 우려먹으면 바닥이 드러날 수밖에 없다는 것인데 자신의 작품을 복제하고 있다는 사실도 의식하게 된다. 일정한 패턴, 일정한 분위기, 일정한 인물군……. 독자가 눈치 채기 전에, 독자에게 자신의 뿌리가 드러나기 전에 작가적 갱신이 이루어질 수 있어야 한다고 했다.

그렇기 때문에 스스로 고사당하는 작가들이 많다는 것이다. 늙은 작가가 아니라 낡은 작가들이다. 작가는 자기 바닥을 드러내는 일을 두려워하거나 부끄러워해서는 안 된다는 것을 인정하고, 자기 갱신을 위한 근본 방법을 찾아야 한다고 말한다. 경험 고갈, 영감 고갈, 열정 고갈이라는 자기 진단서를 발급하고 창작 휴식기에 들어가야 한다는 것이다.

휴식기 동안 공부하고 여행하고 사색해야 하는데, 욕망에 쫓기는 사람은 갱신의 시기를 견디지 못한다. 갱신을 위한 재충전기를 충실하게 보낼수록 새로운 세계가 더 크고 더 높고 더 넓게 열린다. 박상우 작가 역시 발표하면 할수록 내면적 결핍과 불안감이 고조되어 매번 글 쓰는 일이 고행처럼 여겨졌다. 글을 쓰는 게 아니라 쥐어짜고 있다는 생각에 견딜 수 없었다.

1988년 등단하고부터 1999년 이상문학상을 수상할 때까지 멈추면 죽는다는 강박 때문에 쥐어짜는 창작을 강행했다. 이상문학상을 수상하게 되었다는 전화 통보를 받던 날 작가를 사로잡은 것은 강렬한 절필에의 욕구였다. '비워라, 채워라, 그리하여 다시 시작하라!'였다.

그래서 1999년부터 2008년까지 10년 동안 작가적 갱신을 위한 충전의 세월을 보낸다. 침잠에 대해 누구에게도 설명하지 않았다. 대신 결핍과 갱신에 대해서만 집중했다. 무지로 남아 있던 분야에 대해 공부하고, 문학과 자신과의 관계를 재정립하고 작가로서의 존재에 대해서도 새로운 인식의 눈을 떴다. 충전을 위해 보낸 10년 동안 영향력을 미친 건 엉뚱하게도 과학 분야였다. 인간-인생-세상-우주의 생성과 소멸에 대한 과학적 근거가 생기자 내면에 누적된 인문학적 상상력이 다른 양상으로 타올랐다.

이제 박상우 작가는 소설에 쫓기지 않는다. 지금은 그것과 함께 살아간다. 소설이 '쓰기의 산물'이라는 생각도 하지 않는다. 모든 소설은 쓰기가 아니라 '짓기의 산물'이라는 것이다. 작가가 자신에게 갇힐 때, 문학은 작가의 감옥이 된다고 말한다. 감옥에 갇히지 않기 위해 항상 열려 있어야 한다는 것이다.

잘하는 길을 가더라도 이렇게 자기 충전이나 갱신이 필요한 시점이 반드시 온다. 10년차, 20년차, 30년차마다 그러하다. 그래서 한 길을 꾸준히 걸어온 사람은 수행자다. 자기 갱신 없이는 오랜 기간 동안 한 길에 설수 없다. 끊임없는 탈바꿈을 한 사람만이 가능하다. 수없이 자기 껍질을 벗을 수 있는 사람이어야 한 분야의 대가가 된다.

도전하고 발견하고, 탈출하기를 번복하면서 우리는 30년~50년 동안 일생일업의 길을 간다. 일생일업의 세계는 진공묘유처럼 오묘하다. 무지로 남아 있던 분야에 대해 공부하고, 관계를 재정립하고, 새로운 인식의 눈을 떠야 오롯하게 한 길을 갈 수 있다. 그 안에서 프렉탈(fractal) 같은 진화를 거듭한다. 외부에서 보면 단순하게 보일지 몰라도 천직을 가는 사람은 박상우 작가와 같은 진화를 거듭한다.

같은 자리지만 결코 같은 자리가 아니다. 재충천기를 충실하게 보낼수록 새로운 세계가 더 크고 더 높고 더 넓게 열린다. 그래서 가끔 스스로 진단서를 발부해야 한다. 당신은 어떤가. 아직도 못 하는 것에 연연하고 있는가. 시간은 많지 않다. 지금부터 잘하는 분야에서 부단한 자기갱신을 할 시점이다.

새로운 레이아웃을 구성하라. 우리 모두 안에는 다중 인격이 있다. 한 사람에게는 지도자형 기질, 완벽주의형 기질, 수용형 기질, 성취형 기질, 자유주의자 기질, 원칙형 기질 등 기질이 다양하다. 나는 어떤 흔적을 남기고 살고 싶은가에 따라 레이아웃은 다르게 구성된다.

제5장

인생은 스토리 있는 한 권의 책이다

(결론)

장인정신을
발휘하여
스스로
나비가 된다

최정상급 운동선수들, 세계적인 연주자들, 세계 최고 경영자 협회 회원들, 미국 상하원 의원들, 빌보드 차트 1위를 기록하는 가수들, 유명 배우들은 대부분 어려운 시기를 견디며 정상에 오른 사람들이다. 세상에서 최고라고 불리는 사람들은 자신의 극한점을 넘어섰다. 정신력이 약하다면 중간에서 포기하고 말았을 텐데 끝까지 해낸 이들이다. 어느 분야라고 하여 더 쉬운 분야는 없다. 모두 죽을 만큼 사력을 다했기 때문에 오늘날의 트로피를 쥐었다.

빌 게이츠는 "나는 10대 시절부터 세계의 모든 가정에 컴퓨터가 한 대씩 설치되는 것을 상상했고, 또 반드시 그렇게 만들고야 말겠다고 외쳤다. 그게 시작이다."라고 했다. 그게 그의 꿈이었다. 그리고 꿈을 이루었다.

비틀스의 폴 매카트니는 "꿈을 글로 적는 습관이 비틀스의 성공에 커다란 역할을 했다."고 했다. 시각적 상상, 쓰기를 통해 꿈을 이룬 것이다.

조지 워싱턴 역시 "나는 미국을 독립시키고 대통령이 될 것이다."라며 열두 살에 꿈을 글로 적어 생생하게 꿈꾸었다. 글로 목표를 적는 습관만으로 자신이 원하는 것을 이룰 수 있었다.

워렌 버핏 또한 "아주 어렸을 때부터 내 마음속에 세계 제일의 부자가 된 나의 모습이 선명하게 자리 잡고 있었다."라고 했다. 구체적이면서 시각적으로 선명하게 상상한 것들이 오늘날을 이루었다.

이들은 꿈을 갖게 된 순간부터 인생에 편집력을 발휘한 것이다. 꿈에 관련된 것은 Yes!, 그렇지 않은 것에는 No!를 외치며 왔을 것이다. 편집력은 방향성을 더 선명하게 한다. 편집력을 통해 스스로 응원가를 부르고, 스스로 꿈의 치어리더가 된다.

조용헌은 고려대학교 역사교육과 교수이다. 초등학생 때부터 30년 가까이 만들고 있는 가족신문 〈비둘기집〉 편집장이기도 하다. 그는 가족사를 기록한 것을 자랑스럽게 생각한다. 공식적인 자리에서 스스로를 역사학자라고 소개하지만 숨겨진 직업이 바로 가족신문의 발행인 겸 편집인이다. 28년째 가족신문을 만들어 왔던 덕택이다.

1984년 가족신문 창간호를 발간했다. 창간호로부터 10년 동안은 매달 한 번씩, 이후로는 격월간이다. 당시 초등학교 4학년인 동생이 학급신문 편집인이 되었다는 말에 아버지께서 "가족신문을 만들어 보는 것이 어떠냐."라고 한 것이 계기다. 처음에는 약 10~20부 복사하여 친척들에게 우편 발송했다.

당시 초등학교 6학년인 그가 쓴 '삶과 죽음'이라는 제목의 일기도 있다. 2호부터는 구독문의를 위한 광고도 넣었다. '구독을 원하는 사람은 아래의 전화번호로 문의하시오.'라고 했는데, 이후 독자들이 많아졌다. 친척들에게만 나누어 주었던 신문이 이후 이웃, 아버지와 어머니 친구분들, 친구들과 선생님까지 가족신문의 독자가 되었다.

소문이 퍼져 언론에도 나왔다. 인기프로그램인 KBS의 〈오늘〉이라는 프로그램에도 소개되어 직접 인터뷰를 했다. 방송을 보고 다음 날 서울시에서 신문을 검토하겠다고 연락이 왔다. 결국 가족신문의 10년치 기록이 400년 후, 서울 정도 1천 년을 기념하는 2394년에 개봉될 타임캡슐에 들어간 것이다.

2394년! 400년 후에 개봉된다는 타임캡슐이 가져다준 시간의 개념은 삶에도 영향을 미쳤다. 기록문화가 지닌 무게감 때문에 그 무렵부터 역사학자로서의 꿈을 꾸기 시작했다. 그 결과 우리 역사는 물론 4백여 년 전 중국 사람들이 어떻게 살았는지, 족보와 각종 기록들을 뒤지는 것을 소명으로 살고 있다.

타임캡슐에 가족신문이 들어간 이후 가족신문의 의미는 바뀌었다. 앞으로 400년 뒤까지 중단되지 말아야 할 사명감으로 바뀐 것이다. 28년이 축적된 지속성의 힘, 꾸준한 글쓰기와 집착이 가져온 변화다. 28년 동안 중단될 위기가 두 번 있었는데, 첫 번째 위기는 대학입시를 연거푸 두 번 떨어지면서다.

하지만 아버지에게는 아들의 대입 준비만큼 가족신문이 중요했다. 궁여지책으로 〈이솝우화〉로 1년 동안 면수를 채우게 했다. 두 번째 위기는 그와 동생이 각각 박사논문을 쓰겠다고 중국과 미국으로 유학을 떠났을 때다. 하지만 아버지는 이메일에 주목하여 미국에 있는 동생의 글과 한국 소식을 모아 중국에 있는 그에게 전송하면 최종 편집하여 다시 한국으로 보내게 했다. 어머니가 이를 출력, 복사해서 우체국에서 발송했다. 가족이 뿔뿔이 흩어져 있을 때도 가족신문은 중단되지 않았다.

28년 동안의 가족신문 발행은 그를 변화시켰다. 먼저 글쓰기에 대한 두려움이 사라졌다. 글로 무엇인가 표현해야 한다는 두려움이 자연스럽게 사라진 것이다. 둘째는 지금까지 원고 마감 시간을 지키는 것이 몸에 배었다. 대학 진학 이후 리포트를 낼 때도 마감일을 어긴 적은 없었다. 셋째는 가정의 소소한 이야기들에 의미를 담기 시작했다는 것이다. 그 결과 자연스럽게 정체성이 확립되었다. 그와 동생은 지금 글쓰기를 가르치는 교수가 되었다. 조용한 혁명이었다.

그는 오래 지속하는 것이 아름답다는 생각을 한다. 그래서 가족신문에 할아버지의 사망 소식을 편집하면서 '할아버지 정신'이 무엇일까도 생각해 보았다. 친척들에게 할아버지에 대한 기억을 글로 보내달라고 부탁했더니 평소 글쓰기를 꺼리던 친척들까지 기고하면서 소통의 장이 마련되었다. 이러한 원고를 모아 작은 소책자가 되었는데,《우리 할아버지》라는 책으로도 출간되었다.

편집력 없는 인생은 잡동사니다. 나는 한 권의 책에 비유하여 편집력에 대해 말했다. 그리고 그 편집력을 발휘하기 위한 팁도 제시했다. 중요한 것은 머리로 아는 일이 아니라 실제 삶에 얼마나 적용하느냐의 문제이다. 삶을 변화시키는 것은 실행력이다. 이를 위해 편집력을 통한 100번의 성취를 강조했다. 물론 그전에 개념을 새롭게 정립하는 것부터 중요하다.

편집력을 삶에 들여 꿈을 향한 편집의 달인이 된다면 일에서건, 인생에서건 보다 많은 생산성을 이룰 수 있다. 시간, 사람, 환경에 있어서 편집이 이루어진다면 원하는 대로 인생을 살아갈 확률이 커진다. 우리의 시간과 에너지는 유한하다. 그것이 인생이라는 게임에 편집력을 발휘해야 하는 명분이자 실리다.

인생은 편집대로 만들어진다. 지금 모습은 과거에 편집한 것들로 이루어졌다. 아쉬움도 남을 것이다. 추가와 삭제에 대해……. 현재 역시 미래를 편집하고 있다. 여기에서는 자잘한 인생의 선택을 편집력이라고 하지 않는다. 꿈에 따르는 전반적인 여정에 관한 것이다. 소명을 발견하는 시점은 빠를수록 좋다. 소명이 아니더라도 비전이나 꿈으로부터 우리는 자기혁명을 이룰 수 있다.

대한민국은 꿈을 갖고 살지 않는다면 그야말로 따라쟁이의 삶을 살게 된다. 지금 반도 땅의 기질은 언제나 검색어 순위에 휩쓸린다. 다르면 틀린 것이 된다. 다양한 가치관을 인정하지 않기 때문이다. 그렇기에 더 자신에 대한 탐구하여 인생을 진정성있게 완성해나가야 한다. 편집은 인생에 대한 진정성이기도 하다. 장인이 되어 스스로의 인생을 명품으로 만들어야 가고자 하는 방법론이다.

자신만의 콘셉트가 있어야 스타일리쉬한 삶을 살 수 있다.

나의 편집 방향은 무엇인가. 원하는 이미지대로 일상을 편집하고 있는가. 편집력은 꿈으로부터의 일이관지(一以貫之) 인생을 만들어 준다.

시간을
조탁하여
인생을
명작으로
만든다

편집은 효율화를 지향한다. 인생은 유한하고 짧다. 그 유한한 시간에 무엇을 할 것인가에 대한 개념은 있어야 잘 사는 인생이 된다. 자신의 강점을 모른다면 이것저것 잘하려고 들거나 외부적인 조건을 맞추기 위해 시간을 투자할 것이다. 정작 에너지를 쏟아야 할 곳에 강점을 살리지 못하는 것도 인적 낭비다. 나 역시 한동안 그러했다. 지적 호기심이 많은 터라 한 번 꽂히면 여러 공부에 몇 년이 흘러가기도 했다.

내용과 여백이 적당한 그리고 전체적인 레이아웃이 썩 잘 어울리는 편집은 얼마나 아름다운가. 미처 글과 그림이나 사진이 따로 놀 사이가 없다. 요리를 할 때도 과학적인 레시피가 중요하듯 편집에 있어서도 추구하는 것은 이러한 효율화다. 말하고자 하는 것을 가장 효율적으로 표현하기 위한 것이다.

한동수 교수는 특허에 관해 백지 상태나 다름없었던 사람이었지만 최근 5년 동안 스마트폰 응용과 실내위치 인식 분야에서 50여 건의 특허를 출원했고 20여 건의 특허 등록도 했다. 현재 카이스트 전산학과 교수로 근무하고 있는데, 미래 국가 경쟁력을 위해서는 남녀노소 모두가 특허에 도전해야 한다는 지론을 펼친다.

'특허 쓰기 실천운동본부(가칭)'를 설립해 특허 쓰기를 원하는 사람들을 돕는 꿈을 꾸고 있다. 특허에 관해 평균 이하 재능을 가졌지만 5년여 만에 지금은 전문가가 되었다는 자신의 경험 때문이다. 그만큼 집중적으로 편집력을 발휘했다. 현재는 카이스트 대학원 학생들과 강좌를 개설해 특허 관련 강의도 하고 있다. 또한 특허 비결과 새롭게 경험한 발명의 기쁨을 책을 통해 일반인들과도 나누고 있다.

"우리는 일상 속에서 다양한 상상을 하며 살아간다. 그 상상 가운데 많은 것들이 더 관심과 시간을 투자하면 특허 아이디어로 연결될 수 있다. 일반인이 특허를 쓰고 활용할 수 있는 가장 좋은 방법은 우선 특허에 익숙해지는 일이다."

특허에 가까이 다가가려면 천재들의 이야기보다는 자신과 비슷한 사람들의 사례가 실질적으로 더 도움이 될 것이라는 맥락에서다. '특허'에 눈뜨면서 가슴 뛰는 새로운 인생을 살게 되었다는 한 교수는 특허를 모르고 살았던 세월이 너무 아깝다며 특허 전도사가 되었다. 학생이나 교사, 회사원, 연구원, 공무원, 의사, 한의사, 변호사, 미용사, 요리사, 농부, 주부 등 누구든지 마음만 먹으면 특허에 도전할 수 있다고 자신한다. 그래서 집필한 책의 제목도《특허 무한도전》이다.

한 교수에게 5년은 편집력을 발휘한 시간이었다. 우선순위를 '특허'에 두었을 것이다. 누구든 5년이면 한 분야에 집중하여 존재감을 드러낼 수 있다. 그것이 현재 하고 있는 일을 더 강화하는 유사 콘셉트라면 더 좋다. 5년 동안 보는 것마다, 만나는 것마다, 듣는 것마다 특허에 대한 편집력을 발휘한다면 상상 이상의 특허를 낼 수 있다.

편집력이 중요한 것은 우선순위와 아닌 것에 대한 구분 때문이다. 5년이라는 시간은 어떻게 해도 흘러간다. 하지만 초점을 맞추고 하나의 콘셉트를 향해서 간다면 엄청난 시간으로 탈바꿈한다. 시간은 상대적이다.

의미를 부여한 순간 시간의 질은 달라진다. '꿈 전도사'가 되겠다고 생각한 순간부터 카이로스 시간을 살게 된다. 특허에 대한 관심을 꿈꾸는 순간부터 한 교수의 5년은 달라졌다.

사진작가 배병우는 가수 엘튼 존이 소나무 사진을 1만 5천 파운드에 사간 것으로 유명하다. 이후 경매마다 작품 가격이 올랐다. 그는 1984년부터 30년간 소나무만 찍은 사진작가다. 그에게 소나무는 일종의 '상징'인데, 한국의 자연을 상징한다고 믿기 때문에 소나무를 찍는다. 어느 일본 작가가 후지 산으로 일본 이미지를 대표한 것처럼 한국 이미지를 대표할 만한 것을 소나무에서 찾았다.

디자인 전공을 뒤로하고 고향 형의 권유로 사진을 시작했는데, 대학 4학년 때 집안이 힘들어질 때도 닥치는 대로 벌어 사진만 찍었다. 어느 날 소나무에 필이 꽂힌다. 한국을 상징하는 이미지가 무얼까 고민하다 동해 낙산사의 소나무를 찍는 데 순간적으로 느낌이 왔다.

처음 2년 정도는 1년에 10만km씩 소나무만 찍으러 다녔다. 스스로 도취해 힘든 줄도 몰랐다. 유명한 소나무를 찾아 먼 길을 마다하지 않고 달려갔다. 1986년부터는 유독 경주 소나무만 찍었다. 경주 남산의 신라 왕릉을 감싼 소나무는 한국인에게는 더할 수 없는 푸근함과 외국인들에게는 낯선 신비감을 주었기 때문이다. 머릿속에 맴도는 상징이 제대로 사진으로 표현되어 나오는 데만 꼬박 10년이 걸렸다. 한국의 소나무를 서양인들의 머릿속에 '성스러운 숲(sacred wood)'으로 자리 잡도록 만든 사진을 찍기까지다. 1년에 3분의 2는 집을 떠나 있었다. 하고 싶은 일을 맘껏 하기 위해서 서울예대 교수도 사표 냈다.

30년간 소나무만 찍는다는 것은 거의 구도적인 경지다. 헝그리 정신 없이 할 수 없다. 작가는 '사진은 손이 아니라 발로 찍는다.'는 원칙에 충실했다. 90세에 죽으면서 "10년만 더 살면 훌륭한 화가가 될 텐데……." 하고 탄식했다는 일본 에도 시대 화가 가쓰시카 호쿠사이를 멘토로 삼아 죽을 때까지 사진을 찍을 생각이다.

누구나 삶에 결핍을 느낀다. 하지만 그 결핍을 채우지 못하는 것은 꿈이라는 동인(動因)이 없어서다. 한국적인 상징물을 찾겠다는 꿈이 있었기에 배병우 작가는 30년간 소나무 찍기만 했다. 놀라운 집중력은 한 분야의 대가를 만든다. 기어이 예술적 경지에까지 이르는 힘을 준다. 30년이라는 외길에 세월을 바친 결과다.

당신이 아직 배고프다면 인생에 사명이 있다는 증거다. 그것은 내가 느껴야 하는 것이고 매일 그것을 향한 집중이 있어야 한다. 허기가 채워질 때까지 편집력을 발휘해야 한다. 허기가 채워질 때까지 100번의 성취를 발휘하라. 결핍은 곧 삶의 콘셉트를 채워야 할 동인이 된다. 한 길에서 최고의 완성도를 발휘할 수 있다.

세상은 글자 없는 책이고 인생 역시 그 안에서 효율화를 추구한다. 원하는 삶을 살려고 한다면 꿈을 성취하는 데 있어 한 곳에 초점을 맞춰야 하는 것이다. 그 초점을 위해 배경과 주연쯤은 구분할 줄 알아야 한다. 배경은 배경일뿐이다. 본질이 아니다.

군더더기 없는 인생은 얼마나 아름다운가. 넘치지도 부족하지도 않게 콘셉트에 따른 삶을 산다는 것은 단순한 삶이 주는 아름다움이 있다. 거의 구도의 경지다. 인생이 명품이 된다는 것은 이러한 고도의 절제미 때문이다.

인생은 장인에 의해 최고 작품으로 탄생될 수 있다. 조탁에 따라 그 아우라가 다를 것이다.

현재로부터
최고의
미래를
편집한다

"내 눈에는 희망만 보였다."

입버릇처럼 말했던 사람은 강영우 박사이다. 우수한 성적으로 미국 유학을 갔고, 고난 끝에 한국 최초 맹인 박사가 됐다. 지금은 고인이 되었지만 당당히 백악관 공무원으로 입성하여 자신과 같은 장애인을 위해 노력하는 삶을 살았다.

6·25 전쟁으로 아버지, 어머니, 누나를 먼저 하늘나라로 보낸 슬픔 속에 사고로 실명까지 했다. 그후 한국 장애인 최초 정규 유학생이 되어 아내와 함께 도미했다. 3년 8개월 만에 피츠버그 대학에서 교육학 석사, 심리학 석사, 교육 전공 철학박사 학위를 취득하고 1976년 한국 최초 맹인 박사가 한다.

그는 정진하면 꿈을 실현하는 성취자가 될 수 있다는 단순한 진리를 믿었다. "나는 택시 기사가 승차를 거부하고 버스 차장이 밀어내는 멸시와 천대를 받던 인생이었다. 하지만 세계 지도자들과 어깨를 나란히 하여 사회와 국가와 세계를 무대로 봉사하는 사람이 되었다."고 했다.

만약 열등감을 감추는 데만 급급한 삶이었다면 꿈과 거리가 먼 삶을 살았을 것이다. 맹인이었지만 1% 가능성에 더 집중했다. 자신에게 있는 가능성을 보았다. 하나씩 할 수 있는 것에 정진하며 자신감을 가졌다. 상황은 같지만 어느 면을 보느냐에 따라 인생이 달라진다.

열등감에 집중하는 사람들이 많다. 부족한 학위, 보통인 어학실력, 몇 개 안 되는 자격증, 화려하지 않은 스펙, 가난한 환경, 남겨진 빚, 부모 부양, 집안의 가장이라는 무게에 집중하다 보면 온전한 자신과 만날 수 없다. 열등감에는 행운의 씨앗이 보이지 않기 때문이다.

같은 환경에서도 삶을 어떻게 해석하느냐에 따라 우리는 다른 편집력을 발휘한다. 어느 콘셉트에 집중하느냐에 따라 중요순위가 달라진다. 나무보다 숲을 보는 선택을 통하여 우리는 더 중요하고, 덜 중요한 것을 구분할 수 있다. 콘셉트에 따라 삭제하거나 추가하는 버튼을 자주 눌러야 하는 이유다.

최근 방영된 〈꽃보다 할배〉는 평균 연령 77세 할아버지들의 여행이었다. "도전을 두려워하지 말라."는 메시지로 울림을 주었는데 네 명의 할배들은 각자 다른 감상을 전했다.

맏형인 이순재는 "인생의 매 순간을 늘 마지막처럼 살라."고 했다. 감기를 앓았지만 여행을 포기하지 않았는데, 다시 이 풍경을 눈에 담으리라는 보장이 없었기 때문이다.

"만약 우리가 젊었을 때 지금 같은 조건이 주어졌다면 세계 일주를 했을 텐데……."라며 젊은 그날이 다시 온다면 무엇이든 다 할 것만 같은 아쉬움을 드러냈다.

둘째 신구는 "인생은 저지르고 봐야 돼. 이게 옳다 이걸 실행해야 되겠다 그러면 그때 해야 돼. 할까 말까 할 때는 해야 돼."라고 했다. 또한 "어느 직종이든 10년을 묻어라. 최소 10년의 시간으로 보내야 한다."고 했다.

셋째 박근형은 "그저 포기해버렸을지도 모를 도전으로 생의 가치를 되찾았다."고 고백했다. 허리 통증에 파스를 붙이고 다녔지만 "아직 버림받지 않았다는 것을 확인했다. 쓸모없다고 취급당하지 않았다는 확인 같은 것"이었다고 여행을 정리했다.

막내 백일섭은 매일 밤 많은 약들을 챙겨먹었고 피부 알레르기까지 생겨 고생했지만 "죽을 때 눈 감을 때 아, 이런 여행이 있었지…… 이런 여행이 있었지."라고 생각할 수 있을 것 같다고 했다.

삶은 싸울 만한 가치가 있는 것이라는 할아버지들의 이야기는 울림을 준다. 특히 이순재의 "인생은 남이야 어떻게 생각하든 간에 밀고 나가는 거다. 그런 길이 가치관이 있는 삶이라고 생각한다."는 경험담에서 지금 나는 '가치' 있는 것에 집중하고 있는지를 떠올릴 수 있다. 우리는 많은 시간이 남아 있다는 착각 속에 사는 것은 아닐까.

두려움 때문에 하지 않은 일은 나중에 후회로 다가오는 것이 인생이다. 치열하게 살지 않았음도……. 프로스트의 〈가지 않은 길처럼〉 한 길을 선택하는 것이 인생이다. 그래서 현재 일을 미래시점과 연결하는 상상력은 중요하다. 내 욕망에 솔직하게 반응하면서 흔들림 없이 밀고 나가는 것이야말로 진짜 욕망이다. 현재와 미래시점 간에 편집력을 발휘해야 한다.

많은 것들이 외부 욕망으로부터 주입된다. 개성, 특성, 창의 이런 것보다 동일시, 무리, 획일화, 단체 이런 것에 익숙하다. 하지만 현재와 미래에 대한 편집은 자신이 가장 잘 할 수 있다. 하나의 선택지를 밀고나가는 힘이기도 하다.

노후가 좋아야 성공한 인생이다. 늦지 않았다. 하나의 콘셉트로 편집력을 발휘하기로 한다면 5년이라도 커다란 시간이다. 5년 후를 떠올린다. 원하는 모습이 있다면 거기에 따른 콘셉트를 구상하고 편집력을 발휘한다. 5년이면 자신의 콘셉트에 시너지를 낼 수 있는 절대 시간이 된다. 하나의 선택지에 대해 완성도를 높일 수 있다.

중요한 것은 내부적인 욕망이다. 이 책에서 다중지능과 여러 가지 기질을 체크리스트와 브레인스토밍 해놓은 이유는 자기발견을 통한 자기갱신 때문이다. 자기 진단서 발부 없이 우리는 새로운 레이아웃을 만들어낼 수 없다. 새로운 편집력을 발휘하기 위해서는 먼저 나를 알고 내부 욕망을 발견하는 것이 먼저다. 삶의 성공은 현재 편집력을 얼마나 발휘하느냐에 달려 있다.

새롭게 당신의 현재로부터 미래를 편집하라.

당신이 쓰고 있는 인생이라는 작품을 지금 절반을 써내려갔거나 아니면 후반부를 쓰거나 이제 초입 부분을 쓸 수도 있다. 중요한 것은 지금부터다. 편집력은 현재와 미래 시점을 연결한다. 미래를 위한 현재의 중요 순위에 관한 것이다. 그리고 이것은 소모되는 크로노스 시간이 아니라 의미로 채워진 카이로스 시간에 관한 이야기다.

지금부터 내면의 울림인 욕망을 정직하게 써나가면 된다. 지금껏 내 콘셉트가 아닌 것에 휩쓸려 살았다면 이제부터 자아와 소통하며, 편집력을 통하여 현재와 미래를 연결한다. 편집력은 효율화를 추구한다. 100번의 성취를 추구하여 자존감을 최대로 끌어올린다. 그리하면 내가 누구인지 존재감을 더 드러낼 수 있다. 그것이 현재와 미래가 바로 연결되는 맥락이다. 원하는 미래가 '확' 당겨져 올 것이다.

지금부터 쓰는 당신 작품의 페이지는 내면 욕망에 보다 진실해진다. 무엇이 자존감 지수를 높이는지 알고 거기에 충실한다.

노후에는 자신의 소명을 아는 사람과 그렇지 못한 사람, 딱 두 종류로만 나눌 수 있다. 노후가 좋아야 성공한 인생이다. 삶의 성공은 편집력에 달려 있다. 편집력은 미래를 위한 현재 중요순위를 가지는 일이다. 오늘부터 모든 선택지에서 당신의 미래를 편집하라.

편집력은
장인의
완성도를
추구한다

편집력은 가고자 하는 길에서 시간의 밀도를 높여준다. 인생은 콘셉트로부터 '나'라는 브랜드가 창출된다. 하지만 인간은 불완전한 존재이기에 할 수 있는 역량의 범주를 정하는 것이 좋다. 한계를 인정하라는 말이 아니다. 내 길에 맞게 범주를 정하고 전진하라는 이야기다.

불완전한 인간이 비교적 자존감을 높이고 완성도를 높일 수 있는 것을 나는 편집력으로 보았다. 편집력 없이는 한 곳에 몰두할 수 없다. 장인이라는 것은 지독한 편집력을 바탕으로 한다. 이 시대, 불완전한 인생을 구원할 수 있는 것도 어느 한 분야에서의 편집력이다. 이것은 타인을 감동시킬만한 힘을 지닌다.

명품인생이라는 것은 No!라는 절제 속에서 탄생된다. 장인이 어느 하나의 것에 들이는 정성은 대를 이을 만큼의 영혼이 깃든 조탁이다. 세대를 이어 전진하는 숭고한 일이다. 하물며 한 사람의 왕성한 활동력은 인생에서 고작 30년이다. 물론 육체와 정신이 균형을 이루는 범위를 말한다. 그러므로 일생일업이라는 말이 적당하다.

이왈종 화가는 마흔다섯에 서귀포로 내려온다. 딱 5년만 그림을 원 없이 그리고 싶었기 때문이다. 존재감의 확인 같은 것인데, 원 없이 5년만 그림을 그릴 수 있다면 죽어도 좋겠다는 생각에서다. 밥 먹고 그림만 그릴 수 있다면 성공한 삶이라고 생각했다. 성공한 삶이란 미치도록 좋아하는 일을 하면서 밥벌이도 되는 삶이라는 의미로부터다.

그는 어떤 것이든 소재가 된다는 생각에 골프공을 소재로 한 에로틱한 그림도 그렸다. 게으른 서귀포 생활을 용감하게 성취해냈는데, 확실하게 자기 색깔로 퍼스널 브랜딩을 했다.

인생의 어느 한 시절, 자신을 걸 만한 무언가를 찾아 자신의 모든 것을 '올인'하고 싶다는 시기를 만난다. 그때 그것을 걸지 못하면 평생 후회가 남는다. 이때 콘셉트로 방향성을 잘 찾으면 나머지 인생의 도미노가 줄줄이 쓰러진다. 자신을 걸고 온몸으로 개인의 역사를 써나갈 때 개인에게는 그때가 위기이자 기회다. 하나의 스토리가 만들어지는 접점이기도 하다.

우리는 매일 주체가 되어 하나씩 성취를 이룰 수 있다. 오늘이 모여 인생이 된다. 이럴 때 편집된 중요순위는 삶의 차원을 달리 가져간다. 중요순위를 외면한 채 긴급순위에 매달리거나 딴짓으로 하루를 보낸다면 결국 결실이 부실해진다. 점 같은 매일이 모여 인생을 만든다.

'하루에서 중요순위에 몰입하는 시간은 과연 얼마나 될까?'

1시간, 3시간, 5시간, 7시간 등 각자 편집력에 따라 다를 것이다. 중요순위 편집은 인생에 대한 투자다. 소모가 아니라 미래에 대한 투자다. 버릴 것과 취할 것에 따른 편집력은 에너지를 한 곳에 모을 수 있게 한다. 딱 하나만 선택하여 그것에 정성을 다한다.

골목 노점상에서 뉴욕컬렉션에 입성한 세계적인 디자이너가 있다. 최범석 디자이너다. 지아이홀딩스 대표로 패션계의 핫아이콘이면서 악동으로 통한다. TV에 출연하여 중졸 학력을 서슴없이 말할 정도로 자존감이 높다. 어렸을 적부터 잘할 줄 아는 것은 옷에 대한 안목밖에 없었다.

어린 시절, 방 두 칸짜리 셋집에서 여섯 식구가 살았다. 아버지가 어머니에게 생활비 주는 것을 보지 못했다. 열다섯 살 때부터 닥치는 대로 아르바이트를 한다. 나이를 속여 호프집에서 일했던 것도 좋아하는 옷을 사기 위해서였다. 형제들에게 옷을 물려받는 것이 싫었고, 가난한 형편에 옷을 사달라고 조를 수 없었기 때문이다.

4형제 중 셋째였던 그는 투명인간 같은 존재였다. 존재감을 발휘하기 위해 유행하는 옷을 먼저 입고 다녔다. 친구들은 대학 진학을 위해 애쓰는 동안 종잣돈 100만 원을 구해 구제 옷을 떼다가 홍대 앞에서 노점을 벌인다. 스무 살도 안 된 청년에게 옷 장사는 무모했다. 3개월 만에 첫 장사가 망하고 종잣돈은 모두 허공에 날린다.

스물한 살에 다시 동대문 시장에서 원단 장사를 했다. 나이가 어리다는 이유로 가게를 내주지 않자 매일 떡볶이를 사들고 상가협회 문을 두드린다. 결국 가게는 열 수 있었지만 2년 동안 파리만 날린다. 마침 무(Mu)라는 브랜드를 런칭한다. 이것이 대박을 터뜨린다.

서울패션위크에 뛰어들겠다고 했을 때 자격이 안 된다는 이유로 거절당한다. 하지만 포기하지 않자 한 남성복 디자이너가 '열흘 안에 옷 열 벌'이라는 조건을 던진다. 하루 한 벌 만드는 것도 버거운 일이었지만 악착같이 열 벌을 만들어 하루 열 개 이상을 스케치한다. 쟁쟁한 유학파들이 버티고 있는 패션업계에서 동대문 삼촌과 이모들의 도움으로 디자인 수

업을 받아가며 드디어 2003년 서울패션위크에 당당하게 입성하게 된다.

그 후 '제너럴 아이디어'를 설립했고, 한국인 최초로 파리 프렝탕 백화점, 르 봉 마르쉐 백화점 등에 매장을 오픈한다. 2011년 뉴욕패션위크에서는 한국인 최초로 일곱 번째 컬렉션을 성공적으로 마친다. 그리고 국내 패션계의 노벨상이라고 하는 '삼우당 패션대상'에서 패션세계화진흥 부문을 수상한다.

최범석 디자이너는 고등학교 때부터 자존감을 높여주는 패션을 좋아했고, 디자이너라는 꿈을 꾸었다. 지금은 세상을 바꾸는, 시장을 바꾸는 디자이너가 되는 것이 현재 꿈이다. 인생에서 얼마나 옷에 대해, 디자인에 대해 편집력을 발휘했을지 짐작할 수 있다. 패션이 곧 그의 인생일 듯하다.

레오나르도 다빈치 역시 연습의 대가였다. 〈모나리자〉를 그릴 때 수많은 사람의 서로 다른 미소를 연구했는데, 천 장이 넘는 습작을 했다. 한번은 상당히 잘 그려진 습작을 버리자 곁에 있던 사람이 그 이유를 물었다. 그때 '완전무결한 그림이 아닌 이상 용서되지 않습니다.'라는 말을 남겼다. 스스로 지독한 완성도를 추구했던 것이다. 〈최후의 만찬〉을 그릴 때도 잠시도 붓을 놓지 않았다. 먹는 것도 마시는 것도 잊은 채 쉬지 않고 그림을 그렸다.

점점 탁월해지는 것이야말로 자신의 완성도를 높이는 작업이다. 그의 그림이 한 시대를 넘어 명작으로 추앙받는 것은 바로 이러한 편집광적인 이유에서다. 한 분야에서 성공한 사람들은 지독한 편집력을 발휘한 사람들이다. 콘셉트에 따른 기준을 세우고 철저하게 자신을 몰아붙였다. 예전 자신과 비교하여 점점 나아질 때 자존감도 향상되는 것이다.

편집력은 인생의 완성도를 높여준다. 섬세한 한 끗 차이는 대가와 대가 아닌 것을 가른다. 하나의 길에서 지극한 선을 맛보는 것은 완성도에서 오는 미학이다. 누가 뭐라고 해도 자아를 실현한 사람의 완성도는 높다. 그것에 대중은 열광하고 감동한다. 우리 모두는 각자 인생의 아티스트가 될 수 있다.

인간의 문법이 아니라 자연의 문법, 신의 문법으로 본다면 세상은 평등하고 업종 구분은 없다. 다만 인간의 문법에서 잣대를 가질 뿐이다. 신의 문법에는 인생은 참자아를 만나고 자아를 실현했는가가 중요하다. 그래서 스스로 완성도를 높이는 구도의 삶은 아름답다. 편집력은 인생의 미학과도 연결된다.

1인
기업가로
가는 길에
편집력이
있다

세상은 감동에만 반응한다. 평이함은 눈길을 끌지 못한다. 그렇다고 자극적이거나 말초적인 것을 말하는 것은 아니다. 여기에서의 감동이라는 것은 특별함을 말한다. 우리가 스토리라고 부르는 것은 자신을 넘어섰을 때 형성된다. 감동도 그러하다. 비슷비슷한 행위로는 감동이 만들어지지 않는다.

일생일업(一生一業)처럼 장인으로 살게 하는 것은 일관성이다. 인생이 하나의 이치로 꿰어지는 일이관지다. 이것은 스스로 정한 원칙에 따르는 것인데, 한눈팔지 않고 확실한 철학으로 무장된 경우다. 일관성으로 우리는 소모되지 않는 삶을 살 수 있다. 일관성은 인생에 많은 기여를 한다. 한 사람의 인생이 온통 하나의 업(業)으로 꿰어진다면 주변에 선한 영향력을 끼칠 수 있다.

이는 주로 지도자들에게서 많이 나타난다. 이를테면 하나의 삶이 하나의 정신이 된다. 마더 테레사를 기억하게 만드는 것도 봉사라는 삶 때문이다. 평생이 하나로 간결하게 요약된다. 다른 장식을 달지 않아도 될 만큼 간결하다. 슈바이처 역시 인류에 대한 측은지심인 봉사로 일관했다. 페스탈로치도 교육에 대한 헌신으로 일생을 살았다. 우리가 아는 위대한 성인들 대부분 하나의 콘셉트로 단순한 삶을 살았다. 인생이 하나로 꿰어지는 일이관지다. 한 문장으로 요약될 만큼 캐릭터 강한 삶이다.

공병호는 《나는 탁월함에 미쳤다》에서 마니아 정신을 생산자로 대입해보라고 했다. 어떤 가치를 창출하는 패러다임으로 전환하라는 이야기인데, 소비자로서 받았던 '울림'이 있다면 그 감동을 생산자가 되어 다른 소비자에게 줘보라는 것이다. 블로그나 서평을 기웃거리며 검색해보고, 어느 것을 소비하여야 잘한 결정인지 끊임없이 물어왔다면 어느 취미는 상당한 컬렉션일 수 있다는 것이다.

소비자로 산 세월이 가르쳐준 것들이 많으면 1인 기업가가 될 가능성은 충분하다는 이야기다. 서평이나 합평에서 퀄리티를 말하고, 디자인을 말하고, 사용 후기를 달아대고, 책 한 권 사더라도 디자인을 보고, 제목에 대해 말하고, 목차가 실용적인지 따지고, 내용이 함량미달인지 아닌지 새겨두었다면 충분히 가능하다는 것이다. 소비자로 살아온 세월 동안 누구보다 현명한 소비자의 프레임을 가졌다면 생산자로서의 프레임 전환도 가능하다.

일장 연설을 할 만큼, 리플을 올릴 만큼, 사용 후기를 충분히 말할 만큼 입맛이 정제되었다면, 커피 하나에도 세세한 맛을 골라내어 말할 수 있다. 그런 소비자의 눈이면 생산자가 될 수 있다고 한다. 누구보다 까다로운 심미안, 진정한 미학 즉 마니아 정신을 생산자로 대입해볼 수 있다. 그동안 편집했던 것들이 주는 성과다.

편집력은 임계점을 넘으면 어떤 가치로 창출될 수 있다. 그래서 홈피를 만들어 유료결재 서비스로 팔거나 블로그나 카페를 활용하여 특강 자리를 마련하거나 샘플을 만들어 주변에 홍보할 수 있다. 또 소비자로서 받았던 '울림'을 생산자가 되어 다른 소비자에게 줄 수 있다. 이것은 어느 한 가지에 편집력을 발휘한 사람이라면 충분히 가능하다. 1인 기업가로 가는 길에도 편집력이 필요하다.

미국 브로드웨이 뮤지컬계의 신화로 불리는 세계적인 안무가, 트와일라타프는 쉼 없이 몸을 쓰는 직업을 가졌다. 그녀가 정상에 오른 비결은 '아침 5시 반, 옐로캡(뉴욕의 택시)의 문을 여는 순간' 때문이다. 50년간 하루도 빠짐없이 택시 문을 연 덕에 얻은 결과다.

택시가 도착하는 곳은 근처의 체육관이다. 매일 '새벽 5시 반 택시 문 열기'를 통해 온몸의 근육을 깨운다. 뉴욕을 벗어났다고 예외가 아니다. 어느 곳에 출장을 가더라도 눈 뜨는 즉시 지역의 체육관으로 향한다. 새벽 5시 반에는 택시가 대기하도록 예약을 해두는 것은 50년간 하루도 거르지 않고 해온 의식이다. 영혼을 깨어나게 하는 의식인데, 세계적 스타로 만들어낸 기적과 같은 습관이다.

그녀는 오래된 이 아침 습관을 '반(半) 종교적 의식'이라 부를 정도로 해왔다. 엄격한 이 습관은 온몸과 영혼에 다시 초심자의 열기를 불어넣는다. 이렇게 매일 하는 행위는 우리 안의 창조적 신을 불러오는 종교적 행위가 된다. 누구나 내면의 신을 부르려면 이 정도 헌신은 기꺼이 바쳐야 한다.

그녀의 강점은 한결같은 초심을 유지하는 끊임없는 의식을 통해 하루하루 더 나아져 가는 자신과 만났다. 이것은 매일의 창조이다. 우리는 의식 같은 연습을 통해 매일 조금씩 성장한다. 매일 형식은 같지만, 내용은 점점 완성도가 높아진다.

그녀는 자신의 삶을 "워크, 워크, 워크(work, work, work)"로 요약한다. 하루라도 연습이 부족하면 무대 위 자신이 알고 동료가 알고 무대 밖 관중이 알아챈다는 의미에서다. 그녀는 자식 교육이 유일한 희망이었던 가난한 이민자 출신 어머니의 전부였다. 딸에게 가난을 물려주지 않기 위해 어머니는 교육에 공들였으며 생후 18개월인 딸의 음감을 높이기 위해 피아노를 가르쳤다.

일곱 살 때 처음으로 피아노 콩쿠르에서 우승하자 어머니는 최고의 스승에게 지도받게 하기 위해 매년 1만 km, 지구 한 바퀴 거리를 운전한다. 매일 하는 아침 5시 반의 '의식'도 어머니의 엄격한 시간관리를 통해 만들어진 결과다. 어머니는 발레복을 입는 시간까지 계산해서 분(分) 단위 일과표를 짰다. 그리고 그녀는 새벽 6시에 시작해 밤 10시에 끝나는 일과에 의해 움직였다.

한 분야에서도 층위가 있다. 15년차, 20년차, 25년차, 30년차의 내공은 다르다. 평생 온몸을 다해 자신의 말을 증명해온 그녀는 "오직 목표만이 자신의 손으로 당당히 이룰 수 있는 것"이라고 한다. 우리는 스스로 사다리가 되어 삶을 구원해야 한다. 매일의 성장을 통해 완성도를 높일 수 있다. 이러한 종교적인 습관은 세월이 지나면 든든한 반석이 된다.

'누구나 명품 인생이 될 수 있다.
매일 자신을 성장시키는 종교적인 의식이 있다면.'

1인 기업가는 한 분야의 필살기를 인정받은 사람들이다. 연구소를 내고 그것에 대해 노하우를 전달하는 형태이다. 지금 대한민국에 많은 1인 기업가들이 탄생하고 있다. 앞으로도 조직에서 나온 대다수의 사람들이 자신의 노하우를 살려 1인 기업가 형태의 삶을 꾸려나갈 것이다.

혼자 하는 모든 형태에는 그만한 노하우가 있어야 한다. 세상 사람들은 노하우를 필요로 하기 때문에 그 니즈에 맞춰 지식과 문제해결력을 풀어놓을 수 있어야 한다. 콘셉트에 맞는 것을 더 강화하여 대중에게 쉽고 실제적인 노하우를 전달하는 것이다.

1인 기업가로 가는 길에 편집력이 있다. 편집력이 없는 사람은 1인 기업가를 할 수 없다. 1인 기업가는 시간에 대한 편집, 사람에 대한 편집, 프로세스의 편집, 상황에 대한 편집, 일정에 대한 편집 등 거의 모든 영역에서 편집력을 필요로 한다. 하드웨어, 소프트웨어 모든 영역에서 불필요한 제거를 통해 퍼스널 브랜딩된다.

1인 기업가로 우뚝 서기까지 남다른 노하우가 있어야 한다. 그것 역시 의미로 채워진 카이로스 시간을 통해서 만들어진다.

편집력은
퍼스널
브랜딩에
관한
것이다

차동엽 신부는 '21번의 법칙'과 '100번의 법칙', '10년 법칙'을 강조했다. 무엇이든지 완전히 자신의 것으로 만들려면 몇 번 시도하는 것이 옳은가에 대하여 21번, 100번, 10년 법칙이라는 답변을 내놓았다.

미국 공군에서 '모의 훈련을 몇 번 하면 내 것이 될까?'라는 통계를 냈다. 결론은 21번을 채우면 완전히 자기 것이 된다는 사실이다. 훈련 횟수가 21번 미만인 사람은 전쟁터에 보내면 전쟁터에서 전사할 확률이 높은 반면 21번을 채운 사람은 전쟁터에서도 많이 살아남았다는 것이다. 이게 '21번의 법칙'이다.

'100번의 법칙'은 무엇일까. 거머리는 기억력 없는 생물인데, 이 거머리를 실험했다. 감전 장치를 만들어 닿으면 감전되게 했다. 거머리는 떼자마자, 잊고 또 닿았다. 계속 잊어버리고 또 닿았다. 이렇게 반복하여 100번째 되었을 때 여기에 닿으면 큰일난다는 것을 인식하게 된다는 법칙이다.

'10년 법칙'은 세계의 거장, 장인들을 연구한 것이다. 장인이 되는 기간은, 즉 몰입하여 연습하고 헌신한 10년이다. 자신의 전공 분야에서, 도전하는 분야에서, 1인자가 되고 싶다면 10년을 계산에 넣어야 한다. 10년간 포기하지 않고 우직하게 나아가면 세상에서 원하는 것을 이룰 수 있다는 법칙이 10년의 법칙이다.

이 중에서 21번이 가장 어려운 것 같다. 관성이 맨 처음 만들어지기 시작하는 때인 만큼 기존 관성의 저항에 부딪힌다. 하지만 이것을 넘어 탄력받으면 100번이라는 고지를 점령할 수 있다. 또한 100번을 향해 갈 때 무소의 뿔처럼 가야 하는데, 대부분 21번 법칙이 안 되어서 100번의 법칙에 도달하기 어렵다.

지금 콘셉트에서 평생 현역의 길을 갈 것이라면 100번의 성취를 이루길 바란다. 무엇을 하든 간에, 어느 분야에 있든 간에 100번을 넘기고 나면 쉬워진다. 길이 열린다. 100번의 법칙이 문제해결력을 높여준다.

마술사 이은결은 한국을 대표하는 마술사다. 국내 최초, 국내 유일, 국내 최다 그랑프리 수상이라는 영예가 있다. 또한 라스베이거스 공연에서도 활동했다.

중학교 3학년 때부터 16년간 오로지 한 우물만 팠다. 지독한 편집력을 발휘했는데 한국 마술을 세계무대에 알리기 위해 16년간 매일 한두 시간 정도 손놀림을 연습했다. 중 3부터 한 가지 방향을 설정하고 마술사가 되기 위해 혹독한 연습을 해온 것이다. 20년 가까이 한국의 척박한 환경에서 아무도 알아주지 않는 마술에 헌신해온 세월이다. 30대 초반이니 인생의 반을 마술과 함께한 셈이다.

어린 시절, 그는 내성적인 성격이었다. 이런 성격을 걱정한 부모님의 권유에 의해 마술을 시작했다. 고등학교 때 급식비를 내지 못할 정도로 가정 형편이 어려웠다. 마술 학원비를 내기 위해 청소나 도구 만드는 것으로 수업료를 대신한다. 배고플 때는 친구들에게 마술을 알려주고 밥을 얻어먹기도 했다. 마술을 시작한 후부터 배고픔이나 가난을 잊을 수 있었다.

그는 마술사 카퍼필드의 비디오를 보면서 마법의 세계에 매료된다. 거울이 유일한 관객이었지만 하루 종일 손동작을 연구하고, 하루 종일 카드를 만진다. 고 2때 처음으로 대중들 앞에 서게 되는데, 서울 마로니에 공연에서의 첫 공연이었다. 예상 밖으로 관객의 호응은 뜨거웠다. 여기에서 최연소 마술사가 탄생한다. 고등학교 졸업 후에는 무대에 설 수 있는 일이라면 마다하지 않았다.

어떻게 하면 진심 어린 고객의 박수를 받을까 고민한다. 마술에 스토리를 입힌다. 스스로 터득한 편집력이다. 그의 마술을 관람한 어느 관객의 권유로 일본 마술대회에 출전하여 1등상을 받게 되었는데 이것이 동기부여가 되어 점점 큰 대회에 나가 상을 휩쓸었다. 아시아 세계매직 콘테스트 1위, 미국 마술협회 컨벤션 3관왕, 라스베이거스 세계 매직세미 황금사자상 그랑프리, 싱가포르 국제 매직페스티벌 매직공로상, 세계마술올림픽 우승 등 국제 대회의 상도 휩쓴다.

편집력은 퍼스널 브랜딩에 관한 것이다. 마술의 외길 이면에는 손가락을 숱하게 칼로 베이거나, 앵무새에게 몸을 물리거나, 얼굴에 3도 화상을 입는 등의 이력도 포함된다. 슬럼프가 올 때는 아프리카 케냐로 자원봉사를 떠나기도 했다. 그는 마술을 통하여 인생의 '의미'를 찾았다. 우리는 누구나 자신의 인생에서 '의미'를 발견할 수 있다.

시간의 마법은 어떻게 오는가. 재테크에서 복리를 강조하듯 시간도 복리가 적용된다. 현재 시간이 미래와 연관 안 된 무의미한 시간으로 사용되고 있다면 그것은 시간의 마법과 거리가 멀다. 현재 중요순위가 반드시 미래와 연결되어야 시간이 마법을 부린다. 현재 시간은 곧 미래에 대한 투자다. 일찍부터 편집력을 발휘한 사람들은 일찍 퍼스널 브랜딩의 길에 선다.

학창시절 배우가 꿈인데 연극영화과를 지망한다거나, 백일장 수상 경력으로 문예창작학과를 지망한다든가, 과학대회에 나가 많은 상을 받은 이유로 과학자가 꿈이 된다든가, 그림을 잘 그려 전공을 회화나 디자인 분야로 정한다든가……. 이런 식으로 자신의 재능과 전공학과, 직업이 일치한다면 행복하다.

현재의 직업에서 편집력을 발휘해라. 강의, 학원, 독학, 단행본, 사람, 만남, 블로그, 카페 등에서 더 시너지가 날 수 있도록 미래와 연결시킨다. 현재에 투자하는 시간은 곧 복리처럼 불어날 미래의 시간이다. 복리의 현재 시간을 산다면 원하는 인생이 한층 당겨져 올 것이다.

인생 자체를 자신의 소질에 몰입한다면 결과적으로 인생을 마감하는 시점에 만족도가 높을 것이다. 다중지능검사를 통해 느낀 것은 우수하다고 하여 그 에너지를 하나의 콘셉트에 쓰지 않는다는 점이다. 그래서 덜 우수하더라도 일관되게 흐르는 삶에 비해 결실이 없다.

편집력은 퍼스널 브랜딩에 관한 것이다. 결국은 '나'를 알리기 위한 작업이다. 나에 관한 것은 사회적 지위가 말해주지 않는다. 그것은 일시적이다. 최종적으로 어떤 인간으로 살고 남을 것인가에 관한 문제다. 내 인생의 내용물 즉, 콘셉트이다.

당신의 이름을 듣는 사람은 당신에 대하여 하나의 이미지를 떠올릴 것이다. 퍼스널 브랜딩에 따른 콘셉트다. 자신이 어떤 사람이 되고자 하는 이미지에 따라 콘셉트가 형성된다. 그것에 따라 보고, 듣고, 만나고, 생각하고, 쓰고, 말하고, 강의하고 살아가기 때문이다. 다른 것들은 덜 들리고, 덜 보이고, 덜 만나고, 덜 말하게 되고, 덜 생각하게 된다.

내가 콘셉트를 정하지 않으면 타인이, 세상이 나를 규정한다. 당신이 삶에 편집력을 들여야 하는 이유는 충분하다. 타인의 규정에 따라 살고 싶지 않다면 내가 먼저 편집력을 발휘해야 한다.

세상이 바다라고 한다면 내가 아는 것들은 한 바가지 정도다. 전부를 이룰 수는 없다. 우주를 놓고 볼 때 망망대해의 일엽편주(一葉片舟) 인생이라고 보면 된다.

키워드를 정하고 목차를 만들고 편집력을 발휘한 삶을 살아라. 그것만이 이 세상을 잘살다 가는 유일한 길이다.

나만의
콘셉트로
가치를
실현한다

강점과 약점에 대한 정보 없이는 스스로 인생의 등불을 밝힐 수 없다. 이것은 적성검사라든가 다중지능검사를 통해 알 수 있다. 자아 소통을 전제로 하지 않는 것은 진도를 나가기 어렵다. 세상의 변수에 휘둘리지 않아야겠다고 마음 먹는다고 휘둘리지 않는 것은 아니다. 오직 믿을 것은 나 자신이다. 나의 영혼과 의식을 믿고 행동해야 한다. 세상이 아름다운 것은 이러한 소명을 가진 사람들이 모여 빛을 내기 때문이다.

각자에게는 맞는 소명이 있다. 소명 역시 자기다움의 발산이다. 우리는 각자의 영역에서 소명으로 빛을 밝힐 수 있는 사람들이다. 소명과 한 몸이 되어야 생에 군더더기가 없다. 소명에 따라 편집력이 발휘되기 때문이다.

인생이란 나만의 콘셉트로 가치를 실현하는 일이다. 그 길에 가족, 주변, 지인이라는 동행이 있다. 서로 응원해주면서 힘을 얻으며 가는 길이다. 주위가 휘황한 것이나 초라한 것에 상관없이 나의 콘셉트를 실현하는 길인 것이다. 인생이라는 소풍 길에는 주변에 눈길 사로잡는 풍경이 많다. 주변이 화려할수록 편집력을 발휘해야 한다.

세상을 치유하는 '나눔 디자이너' 배상민 교수의 강연은 감동적이었다. 그는 현재 ID+IM이라는 사회공헌디자인연구소를 운영하고 있다. ID+IM(I Dream, Design, Donate Therefore I aM)은 '나는 꿈꾼다, 디자인한다,

기부한다, 고로 존재한다'는 뜻이다. 그의 말에 따르면 90%의 디자이너들이 상위 10%만을 위한 소비적인 욕망에 관여한다.

디자이너의 사회적 책임을 강조하는 그는 뉴욕의 파슨스 스쿨에서 공부하고 동양인 최초의 교수가 되어 14년 동안 근무하면서 '디자인을 왜 하는가?'에 대한 의문을 끊임없이 제기한다. 그리하여 인류가 가진 사회적 문제에 관심을 갖고 사회적 가치를 중요하게 생각하는 사회공헌 디자인이야말로 진짜 디자인이라고 생각했다.

그는 디자인에 대한 철학이 확실하다. 두 가지 방향으로 사회공헌 활동을 하고 있는데, 현금을 받을 수 있는 나눔 상품 디자인과 현물을 통해 생존을 위한 아이템 개발 이렇게 두 가지이다. 수익금으로는 사회공헌 활동을 하는 것이다.

"세상에 없는 물건을 통해 기부 상품에 혼을 불어넣고 싶었다."는 그의 말처럼 디자인 제품의 판매 수익은 월드비전에 보내진다. 신제품이 나오기 전까지 판매금 전액을 기부하고 신제품이 나오면 수익금의 100%를 기부하는 형태이다. 기부상품 이 외에 현물을 통해 생존을 위한 아이템을 개발하는데, 개발도상국 및 빈곤국가의 현지인들과 문제를 해결하는 디자인 프로젝트를 진행하고 있다.

케냐, 탄자니아, 에티오피아를 돌아다니며 케냐와 탄자니아 경계에 사는 마사이족을 만나 같이 어울리고 생활하면서 문제점을 발견한다. 그들에게서 발견한 문제점은 물 부족, 전기에너지 부족, 여자와 아이들이 짓는 집이다. 어느 날 주민들이 비영리단체가 지어준 현대식 슬레이트집을 못생겼다는 이유로 가축 키우는 곳으로 바꾸고 소똥으로 지은 집에서 다시 자는 것을 봤다.

무지하다고 바라볼 수도 있지만 한편으로 가난을 인식하지 못하는 사람들에게 가난이나 빈곤을 인식시켜서 부족들의 잘못 인식된 자존감을 사라지게 만들 수 있겠다는 생각을 한다. 반면 사회공헌이나 자선활동이 지구촌 개개인의 자존감에 상처를 줄 수도 있다는 자각이 생겼다. 그래서 그들의 미적 감각이나 가치관을 지켜줘야 한다는 깨달음이 일었다.

그에 따르면 지구상에서 대학 교육을 받은 사람들은 1%에 해당한다. 나머지 세계의 99%의 사람들은 대학 교육을 받지 못한다.

그는 자신이 1%가 되기 위해 어떤 노력을 했는가를 생각해보니 단지 대한민국에서 태어났다는 것밖에는 없다는 것이다. 그렇다면 자선을 의무라고 생각해야 한다고 강조한다. 자기에게 허락된 물질, 지식, 재능을 기부하고 사는 것이 훨씬 더 가치 있는 삶이라는 것이다.

사람이 꽃보다 아름다울 수 있다는 느낌을 받았던 것은 그의 강연을 듣고 나서다. 정직한 울림이었다. 자신의 자리에서 세상에 기여하는 자연스러운 방법을 알고 일상을 그렇게 이끌어간 모습이 아름다웠다. 누구나 자신의 업에서 사회와의 접점을 만난다.

그가 개발한 나눔 조명 '딜라이트(D'light)'가 세계적 디자인대회에서 잇따라 수상하는 쾌거를 거뒀다. 딜라이트는 'donative(기부금)'와 'light(빛)'의 합성어로 'delight'는 '기쁨을 주다'라는 뜻이다. 하트 형태의 전등 갓 끝 부분을 잡고 돌리면 모양이 다양한 형태로 바뀌면서 밝기가 변한다. 전등갓이 하트 모양일 때 가장 밝아진다. 나눔의 마음이 세상의 소외된 곳을 밝힌다는 의미를 담았다.

주변에 선한 영향력을 끼치는 작은 영웅들을 종종 본다. 자본주의 세상에서는 스스로가 바로 서야 타인도 도울 수 있다. 정서적으로 안정된 사람이 세상에 더 좋은 에너지를 발휘한다. 자신을 갈고닦는 것이 먼저이다. 그들의 선한 영향력은 열 명, 백 명, 천 명, 만 명, 수십만 명, 수백만 명에게 빛을 준다.

나도 마흔 앓이를 한 후에 본격적으로 편집력을 발휘했다. 만나야 할 사람, 만나지 말아야 할 사람, 해야 할 일, 당장 하지 않아도 될 일, 내 색깔인 일, 오지랖 넓은 일, 내 것이 아닌 것, 내 것인 것 등 전체적인 레이아웃을 새롭게 정했다. 그때부터서야 편집력이 실생활에서 효과를 발휘한 것이다.

이 책에서 말하는 편집력은 편집인으로 살아오면서의 소회다. 국문학에서 배우는 많은 것들이 편집력에 해당된다. 언어영역의 요점 정리, 핵심, 줄거리 요약, 압축하고 제거하고 적절하게 배분하고 하는 것들이다. 당장 **빼기**를 할 일, 추가해야 할 일, 균형을 이루어야 할 일, 미처 놓쳐버린 일 등 편집력은 삶에서 요긴하게 쓸 수 있는 도구이다.

나이가 들면 기회가 줄어든다. 에너지의 적당한 분배를 통하여 우리는 이것을 극복할 수 있다. 젊은 시절부터 키워드에 따른 편집력을 발휘한다면 좀 이르게 원하는 삶에 도달할 수 있다. 타인에게 없고 자신에게 있는 강점을 계발하는 순간, 진짜 인생 혁명이 시작된다. 그래야 나만의 콘셉트로 가치를 실현하는 단계까지 이를 수 있다. 20%만이 이 단계에 도달한다.

할 수 있을 때 하지 않는다면 하고 싶어도 못 하는 때가 온다. 이것은 시간에 대한 유한성 때문이다. 곧 에너지의 유한성이기도 하다. 나는 이런 생각에 근거를 두고 인생에 대한 편집력을 이 책에서 강조하고 있다. 모두 자신의 강점에 숨을 불어넣어 펄떡이는 인생을 살기 바라면서…….

삶에서 중요한 것은 하나의 콘셉트에 쏟는 열정이다.

스티브 잡스, 빌 게이츠, 손정의, 오프라 윈프리, 김연아, 박태환, 지미 추, 박지성, 차범근, 메시 등 퍼스널 브랜딩을 한 사람들은 우선순위에 열정을 쏟는 삶을 살았다. 모두가 하나의 콘셉트에 열정을 쏟았던 사람들이다. 얼마나 먼저 시작하느냐는 개인차가 있지만 모두 한 길에서 승부수를 냈다는 공통점은 있다. 스스로를 명품 인생으로 만든 것이다.

우리는 불완전하고 유한한 인생을 살아간다. 그것이 편집력을 발휘해야 하는 가장 큰 이유다. 우리의 삶이 2000년대의 대한민국을 통과하는 수준이기 때문이다. 100세 시대니 100년 동안이라고 해두자. 하지만 직업을 통한 활동력은 고작 몇십 년이다. 인생이 100년이라고 해도 동네 당산나무보다도 못한 유한한 삶이다. 우리가 편집력을 발휘해야 하는 이유는 대부분 이러한 유한한 것들에 대한 응전이다.

공유를
통해
세를
강화한다

혼자만 잘 먹고 잘 살려는 사람은 언제 배반할지 알 수 없다. 조그만 이익에도 배신할 수 있는 가능성이 높기 때문이다. 의리나 공익 같은 것은 찾아볼 수 없으니 함께했던 세월이 공염불이 될 수 있다. 세상에는 이익을 위해서라면 이합집산을 밥 먹듯 하는 부류가 많다.

세상에 나를 내놓기로 작정한 사람은 사사로운 것에 연연하지 않는다. 혼자만의 사리사욕을 추구하지 않는다. 모든 것에는 끼리끼리 모이는 성질이 있다. 그릇이 크다면 공익에 헌신할 것이고 자기만 챙긴다면 내 몸 하나만 건사할 것이다. 개인만을 위한 삶이 얼마나 허무한지는 살아보면 안다.

인생은 흔적으로 남는다. 행위로 기록된다. 사는 것과 먹는 것이 거기에서 거기라고 한다면 좀 다른 것을 추구해도 되지 않을까. 먹을거리, 입을 거리, 놀 거리에 대한 탐욕은 그만 부려도 좋을 듯싶다. 소유로 사는 것이 아니라 존재로 살기로 마음먹었다면 말이다.

윤정숙 아름다운재단 상임이사는 나눔운동가이자 기부문화운동가다. 100개 중 99개는 자신의 것으로 하되, 나머지 1개를 세상에 내놓는다면 세상은 아름다워질 수 있다는 확신에서다. 그래서 꼬리에 꼬리를 물고 나누는 '나눔 롱테일'을 만들었다. 롱테일 기부야말로 세상을 바꾸는 기적이자 변화의 씨앗이라고 생각한 것이다.

지난 10년 동안 개인 기부자는 두 배 이상 늘었다. 기부 액수 역시 2.5~3배로 증가를 보였다. 한 사람의 기부는 만 원, 이만 원으로 작은 돈이라 생각할지 모르지만 수만, 수십만 명이 되면 엄청난 변화를 만든다.

2010년 국회에서 예산을 통과시킬 때다. 정부가 예산을 자르는 바람에 저소득층 아이들의 방학 중 밥을 챙겨주는 데 필요한 예산을 '0'으로 만들어버렸다. 조손가정이나 다문화 가정 아이들의 공부방 지원예산이 사라지자 바로 '결식 제로 SOS 캠페인'을 벌였다. 캠페인을 시작한 지 한 달이 지나지 않아 수천 명의 기부자가 모였다. 어른으로서 이 추운 겨울, 아이들에게 밥 한 끼 제대로 주지 못했다는 미안함과 책임감, 그리고 정부 정책에 대한 분노 때문이었다.

몇 명이 기부했다든가, 얼마나 빠른 시간에 억대가 되었다든가 하는 것보다 작은 기부금에 대한 인터넷 글들이 감동을 주었다. 이렇게 모인 돈은 긴급하게 전국 공부방에 배분되었다. 아이들에게 따뜻한 밥과 고등어조림, 김치 등 반찬까지 공급할 수 있게 되었다. 1%만 나누면 추운 겨울날 아이들이 밥을 먹을 수 있을 뿐 아니라, 잘못된 제도와 예산에 대한 문제까지 무언의 항거를 할 수 있었다.

시민들이 생각해낸 1% 나눔의 방법은 기발하다. 금연에 성공했다며 담뱃값으로 쓰던 돈을 기부하거나, 첫 아이의 돌잔치 비용을 아이의 이름으로 기부하거나, 결혼이라는 새로운 출발을 나눔으로 시작하겠다며 축의금 1%를 나누는 신혼부부들, 그래서 '아름다운재단'의 간사들은 돌집, 환갑집, 결혼식에 가서 축의금 기부를 받는 일도 많다.

윤정숙 아름다운재단 상임이사는 즐거움 때문에 일을 한다. 작은 1%이지만, 그것이 모여 누군가의 삶을 다시 시작할 수 있게 한다면 감동적이다. 롱테일은 꼬리에 꼬리를 무는 나눔이다. 지금도 이러한 기적은 계속 만들어지고 있다.

'좋은 열매를 얻으려거든 좋은 나무를 길러라. 나무가 나쁘면 열매도 나쁘다. 열매를 보아 나무를 알 수 있다.'

신약성서에 나오는 말이다. 태초의 원인이 되었던 씨앗은 반드시 어떤 식으로든 열매를 맺는다. 좋은 결과로도, 좋지 않은 결과로도 나온다. 결과는 1년 후나 3년 후, 10년 후까지 이어진다. 원인과 결과의 법칙은 과학적으로 충실하게 파종의 법칙을 따른다. 오늘의 모든 결과는 자신이 만든 것, 수많은 선택지에서 내가 고른 것들이다. 선택하지 않았던 것들마저 선택지에 포함된다. 모든 파종이 레시피로 이루어져 현재 좌표를 만든 것이다.

한 점 티끌도 없는 나로부터 시작된 여행은 지금 어떤 진동을 내고 있는가. A 파장은 A 파장을 부르고 B 파장은 B 파장을 부른다. 모든 비슷한 것은 비슷한 것들을 끌어당긴다. 그래서 인생에는 도미노 작용이 일어난다.

내가 변화해야 자석처럼 다른 환경이 끌려온다. 스스로가 달라져야 할 이유다. 모든 파장은 내가 보낸 에너지로부터 오는 것들이다. 내가 삶에 끌어들인 것들이다. 스스로 행운을 몰고 오는 사람이 되려면 스스로 좋은 기운이어야 한다.

《물은 답을 알고 있다》의 저자 에모토 마사루는 '사랑도 일종의 파동 현상'이라고 했다. 자신의 능력이 파동적으로 10 수준이라면 자신과 똑같이 10의 파동을 가진 상대와 공명하거나 약간 높은 12 정도의 파장을 가진 상대에게 교감한다는 것이다.

오늘날 결과의 많은 부분은 자신의 진동에 달려 있다. 이것은 선택지에 대한 집중만 있으면 얼마든지 미래를 바꿀 수 있다는 말이다. 어떤 콘셉트로 사느냐가 인생에 파장을 미친다. 의식이 파동 에너지로 전파된다면 역으로 우리는 이것을 적극 활용할 수 있다. 모든 것이 진동이고 파장이라면 말이다. 이처럼 인간의 의식은 모든 일상에 영향을 미친다. 의식이 물질마저 변화시킨다. 그리고 항상 끼리끼리 모이게 만든다.

'내 몸에서 내뿜는 기운이 비슷한 부류의 사람을 부른다.'

삶에 의식적으로 콘셉트를 정하지 않으면 온갖 파장이 퍼져나간다. 그리고 온갖 파장 역시 나에게 온다. 콘셉트가 없다면 파동이 주는 생산적인 결실을 이룰 수 없다. 잡동사니가 된다. 당신의 콘셉트는 현재의식과 잠재의식을 좌우한다. 일관성 있는 편집으로 갔을 경우 인생은 하나의 색깔이 난다. 진동이 모든 곳에 영향을 미치기 때문이다. 딱 내 주파수만큼 주위에서 파장을 불러올 수 있다.

내 콘셉트를 분명하게 하면 같은 뜻을 가진 사람들이 모인다. 우리는 이러한 만남을 통하여 얼마든지 선한 영향력을 끼칠 수 있다. 그 시작은 언제였는지 기억할 수 없을지 몰라도 언젠가 결과는 현실화된다. 인생의 후반부는 공유를 통해 세를 강화할 시점이다.

한 분야의 대가는 준비된 다른 분야의 대가와 만날 가능성이 높다. 서로의 협업을 통해 세를 더 강화할 수 있다. 공익성이 더 커지는 것이다.

이것은 많은 사람들에게 기쁨을 줄 수 있는 영향력으로 현현된다. 한 분야에서 정점을 찍으면 얼마든지 세를 확장시켜 가치를 실현할 수 있다. 공유, 연대, 협업으로 그 세는 더 확장된다.

장인정신은 세월이 흘러도 변하지 않는 가치가 있다. 모든 소비자는 최상의 가치를 만나고 싶어 한다. 그것은 급조될 수 없는 노하우가 깃든 인간에 대한 배려다. 즉, 세월이라는 조공을 포함한다. 우선 자신의 인생에 대해 장인정신을 가져야 만들어내는 모든 것들 역시 그러한 파동으로 세상에 나온다.

일생일업(一生一業)은 한 가지를 최고로 해내는 자세다. 이름이 브랜드가 되는 날까지 편집력을 발휘하는 수행이기도 하다. 30세에서 80세까지 인생을 명품으로 만들고 싶은 사람은 편집력 없이는 불가능하다. 100세라는 인생의 시간은 유한하고 에너지는 한정적이기 때문이다. 길어야 50년 동안 최고의 가치를 조탁할 수 있는 기간이다.

인생은
스토리 있는
한 권의
책이다

육적은 오나라 손권의 명에 의하여 울림태수가 되어 부임한 이후 청렴한 생활을 한다. 칭송이 자자했는데 임기를 마치고 떠날 때 바다에 풍랑이 인다. 짐이 너무 가벼워 배가 중심을 잡지 못하자 주위에서 큰 돌 몇 개를 가져와 실었다. 그런 후에야 배가 균형을 잡았다. 이에 사람들은 육적을 칭송하면서 이 돌을 청렴의 상징인 '염석'이라고 부른다.

염석은 곧 바닥짐이다. 밸러스트(ballast) 또는 저화(bottom cargo)라고 일컫는데, 적절한 중량을 유지함으로써 파도치거나 롤링이 심해도 복원성을 잃지 않도록 해준다. 배는 만들 때부터 선창 아래 별도의 화물창을 만들어 해수나 돌, 자갈, 모래 등을 채운다. 배의 무게중심을 낮춰 안정감을 유지하는 것이다.

바다에는 바람, 파도, 날씨, 속도, 태풍, 물살, 해류, 조류 등의 변수가 수시로 일어난다. 바다는 외부 변수에 민감하게 반응할 수밖에 없다. 인생 역시 망망대해의 일엽편주나 마찬가지다. 글로벌 시대, 외부적인 조건은 얼마든지 달라진다. 초 단위로 사이버 경제가 움직이고 소리 없이 국제 환투기나 주가가 폭등하거나 폭락한다. 국제적 단위의 자본이 온라인으로 이동하기 때문이다. 이러한 상황일수록 외부적인 조건을 통제하는 것은 어렵다. 소명은 염석과 같은 중심추이다. 이것만 있다면 인생이라는 항해가 덜 어렵다.

편집력은 시간이 지나면 황홀할 만큼 보상을 준다. 고수가 될수록 문제해결력이 커진다. 모든 노하우는 암묵지로 흐른다. 장인이 한 땀, 한 땀의 손길로 노하우를 축적하며 가는 구도의 길처럼 한 권의 작품을 만드는 인생 과정에서 편집력은 완성도를 높여준다.

할리우드 스타 앤젤리나 졸리는 1살 때 부모의 이혼으로 불안정한 어린 시절을 보냈다. 14살 때 패션모델로 활동을 시작했고 비버리 힐스 고등학교와 뉴욕 대 영화학과를 졸업 후 할리우드에 데뷔한다. 그녀는 청소년기에 자살에 대해 수없이 생각했다. 자신이 쓸모없는 사람이라고 느껴졌기 때문이다. 아버지는 할리우드 스타였지만 언제나 곁에 없었다. LA에서 부자 집안의 아이들만 갈 수 있는 '비버리 힐스 고등학교'에 다녔지만 방황했다. 그때부터 영화에 관심을 갖게 되었다. 집안 내력인 감성이 풍부한 유전적인 재능으로 여배우의 길에 쉽게 입문한다. 일곱 살 때 아버지가 주연한 영화 〈라스베가스의 도박사들〉에 출연한다.

첫 주연한 영화는 스무 살 때의 〈해커스〉다. 연기자로서 최상의 찬사를 받은 것은 스물네 살 때의 〈처음 만나는 자유〉였다. 함께 출연한 존 리 밀러가 그녀의 첫 번째 남편이다. 그녀는 원하는 방식대로 살아가는데 익숙하다. 아픔만큼 영혼을 성장시켰다. 누가 뭐라고 하든 신경 쓰지 않고 당당하게 자신의 세계를 열어간다.

그녀의 영혼에 새로운 변화를 준 계기는 〈톰 레이더〉라는 작품이었다. 캄보디아와 영국에서 주로 촬영이 진행되었는데 영국에 있는 동안 텔레비전 뉴스를 시청할 기회가 많았다. 그때 미국과 달리 지구상 곳곳에서는 전쟁과 기아에 허덕이는 어린이가 많다는 사실을 알게 된다. 그녀는 그들을 위해서 무엇을 할 수 있을까 고민한 끝에 유엔난민기구에 연락하여 자신이 할 일을 묻는다.

그리고 유엔난민기구의 친선대사가 되어 세계 여행을 떠난다. 섹시스타에서 박애주의자로 다시 태어난 것이다. 그녀의 인도주의적 구호활동은 일회적이지 않고 현재까지도 계속되고 있다. 그녀는 "14살 때 누군가가 자신을 아프리카 한가운데 떨어뜨려 놓았다면 내가 얼마나 자기중심적인 사람인지 깨달았을 것"이라고 말한다. 자신과의 어리석은 싸움은 하지 않았을 거라는 말이다. 박애주의로서 살아가는 난민 봉사 중에 이런 말도 했다.

"아가야, 너는 불쌍해서가 아니라 우리의 미래이기 때문에 도움이 필요한 거야."

그들에게 도움받을 권리가 있다는 마음을 피력했다. 시혜를 베푸는 것이 아니라 인류의 한 부분으로서 함께 미래를 만들어 가자는 의미다. 이것이 그녀의 진정한 철학이다. 다른 사람들이 말하는 성공을 따라가지 않고 스스로 진정으로 가치 있다고 생각한 길을 선택한다. 인생을 명품으로 만드는 데는 무엇보다 내면의 가치에 따른 것이어야 한다.

홍하상 작가의 《아킨도》를 보면 교토 상인들의 장인정신이 잘 나와 있다. 교토에는 오래된 된장 가게가 많은데, 대표적인 가게로 '혼다 된장'이 있다. 180년 역사를 자랑하며 된장의 종류도 다양하다. 요리용, 조리용, 종지 된장국용, 술안주용 등이고, 종류별로도 붉은 된장, 빨간 된장, 흰 된장, 누런 된장 등으로 구분된다.

된장의 색깔과 맛을 디자인하여 새로운 종류의 된장을 탄생시켰다. 요리에 사용되는 된장과 일반 가정에 사용되는 된장 맛이 달라야 한다는 철학 때문이다. 용도와 형태에 따라 맛과 디자인을 달리해 전통 가운데 있으면서 끊임없는 변신을 도모했다. 1,000엔에 불과한 된장 한 봉지이지만 더 좋은 맛, 더 좋은 디자인, 더 나은 서비스를 위해 진화했다. 대를 이어 진화하는 것이다.

또 일본 최고의 칼 가게인 아리츠쿠는 '좋은 방향으로의 변화'라는 철학을 갖고 있다. 경기는 좋을 때도, 나쁠 때도 있지만 변하지 않는 것은 끊임없는 노력이라는 것이다. 부엌칼을 만드는 과정은 좋은 쇠를 구하는 것에서부터 두드리기, 담금질, 날 세우기, 광내기 등 여러 복잡한 단계를 거친다. 가장 중요한 것은 좋은 쇠를 시뻘건 불에 달궈 두드린 후 다시 불에 달구고, 다시 두드리는 과정을 반복한다.

두드리면서 작은 공기구멍 하나라도 남기지 않아야 한다. 그 때문에 칼 한 자루에 십여 번의 담금질이 필요하다. 공기구멍을 하나도 남기지 않고 제거하기 위해서 두드리고 또 두드리는 정성이 필요하다. 아리츠쿠는 18대를 이어 이런 장인정신을 펼쳤다. 더 좋은 칼을 만들기 위해 지금 19대째 노력하고 있다.

일본의 헤이하치차야 여관에서도 정식 요리사가 되려면 8단계를 거쳐야 한다. 엄격하게 도제식 교육으로 이루어진다. 설거지, 채소 다듬기, 생선 씻기, 생선가시 빼기, 생선 칼질, 국물 만들기, 채소 반찬 만들기 등 모든 과정을 거쳐 정식 조리장이 된다. 이때 걸리는 기간이 15년 내지 20년이다. 한 과정에서 최소 1년에서 8년까지 경험을 쌓는데, 이러한 모든 과정이 완전히 숙달되었다고 판단되어야 상위직급에 오를 수 있다.

물리적인 세월의 힘은 무시할 수 없다. 갈고 닦아야 연마된다. 세상에 어중간하게 잘하는 사람들은 넘쳐난다. 적당하면 그중 한 사람이 되는 것이다. 최고가 되려거든 먼저 자신이 인생의 장인이 되어야 한다.

　인생이라는 항해를 할 때 필요한 것은 하나는 '나침반'이고, 다른 하나는 '나의 위치정보'이다. 나침반이 없으면 나아갈 수 없고, 현재 나의 위치를 모르고서는 방향을 잡을 수 없다. 나침반을 갖고도 자신의 위치정보를 모르는 사람이 있다. 자아 탐구가 안 된 것이다. 또한 위치정보를 알아도 나침반이 없어 꿈을 향해 가지 못하는 사람도 있다. 현실만 살기 급급하지 인생의 소명을 발견하지 못한 사람이다.

　인생을 살아가는 데 있어 나침반과 위치정보는 꼭 필요하다. 내가 누구인지, 내가 원하는 것이 무엇인지 알아야 힘듦 속에서도 자신을 담금질할 수 있다. 나침반과 나의 위치정보에서부터 인생의 편집력이 발휘된다.

　인생은 한 권의 책이다. 지금 우리는 자신의 작품 한 페이지를 장식하고 있다. 책의 스토리는 원인과 결과에서 나온다. 또한 서론과 본론, 결론이다. 우여곡절을 포함한 스토리는 정신력이 드러날수록 더 멋진 스토리가 된다. 감동은 스토리의 정신력에 있다.

　나는 편집에 관한 일을 오래도록 해왔다. 거의 천직이라고 볼 수 있다. 그래서 편집에 관한 한 거의 동물적인 감각이 있다. 편집은 키워드를 정하고 콘셉트에 따라 범주를 묶고, 나만의 각주를 달고, 재분류하고, 의미 재구성하는 일련의 활동이다. 하나의 작품에 대해 점점 완성도를 높여가는 일이다.

　우리는 흔히 인생을 한 편의 단막극, 한 편의 영화, 한 권의 책에 종종 비유한다. 이러한 비유처럼 인생이 단막극, 영화, 책이라면 '편집'을 빼놓을 수 없다. 모든 작품에는 작가가 전달하려는 메시지가 있고 그것에 따라 내용은 한 방향으로 편집되어야 하기 때문이다. 더 좋은 작품을 만들기 위해 편집의 과정을 거치지 않을 수 없는 것이다. 작가의 메시지를 강화하기 위해 어떤 장면은 추가하거나 어떤 장면은 과감하게 삭제한다. 그렇게 작품의 완성도는 점점 높아진다. 인생 역시 그러한 과정을 거쳐 명품 인생으로 탄생한다.

　우리 인생에는 키워드가 있고 그에 따른 콘셉트가 있다. 이것은 삶을 어떻게 살 것인가에 관한 내용이다. 세상에서의 존재 이유를 찾는 것이 삶의 콘셉트다. 그것에 따라 삶은 일렬횡대가 된다. 하나의 콘셉트를 정하고 나아가면 인생에서의 완성도는 높아진다.

혹자는 인생을 '흔적'이라고도 부른다. 그런 관점에서 인생은 이러한 편집을 통해 각자 소명의 길을 갈 수 있다. 우리 모두는 편집을 통해 스스로의 인생에 대해 장인이 될 수 있는 것이다. 스스로 장인이 되어야 하는 것은 각자 최고의 인생을 살아야 하기 때문이다.

성공하는 인생은 자아를 실현하는 인생이다. 세상에 기여할 수 있는 방향을 찾고 그것에 대해 한평생 R&D를 지속하는 일이다. 부, 명예, 권력 같은 이데올로기보다 개인에 중점을 두고, 소모가 아니라 인생 목적을 알고 나아가는 길에 관한 것이다. 또한 얼마나 가치롭게 사느냐에 관한 것이기도 하다.

인생은 유한하다. 100세 시대라고 해도 돌아보면 금방일 것이다. 활동할 시간은 그리 많지 않다. 나이별로 다른 역할이 따로 있다. 그리고 평생직장은 없어도 평생직업 개념은 있다. 1인 기업가의 마인드를 위해서라도, 평생 현역이라는 개념을 위해서라도 하나의 콘셉트에 완성도를 더하는 일은 평생 지속해야 할 것이다.

어떤 사람으로 살다 가고 싶은가?

죽음과 삶을 대비해 보라. 100년을 산다 한들 뜨거움 없이 사는 생은 의미가 없다. 살아간다는 것은 끊임없이 꿈꾸고 치열하게 사는 일이다. 자아를 발견하고 평생 그것에 대해 실현해가는 일이다. 그래야 불필요한 에너지 낭비가 없다.

반도의 땅, 온갖 말초적인 것들이 유혹하기 때문에 편집력이 더 요구된다. 본질은 하나다. 우리 모두에게는 각자 저마다의 소명이 있고 편집을 통해 자아를 아름답게 실현해 갈 수 있다는 진실이다. 추가나 삭제를 통해 점점 완성도가 높아지는 작품처럼 편집을 통해 우리의 삶의 완성도도 높아질 것이다. 편집력은 실천적이면서도 미학적인 개념이기도 하다.